DIE BESTEN
EINFAMILIENHÄUSER
AUS HOLZ

WOLFGANG BACHMANN
LUDGER DEDERICH

CALLWEY

INHALTSVERZEICHNIS

006 Die Entwicklung des Bauens mit Holz
     Ludger Dederich

018 Ferienhaus Pfänderspitz in Lochau
     Philip Lutz ZT GmbH, A-Bregenz

022 Kellerstöckel im Burgenland
     Judith Benzer Architektur, A-Wien

026 Ein Stadthaus bei Chur
     Robert Albertin, CH-Haldenstein

032 Beton-Holzhaus in Vitznau
     Lischer Partner Architekten Planer AG,
     CH-Luzern

038 Ökologische Sanierung eines Hauses in Egg
     Georg Bechter, A-Langenegg

042 Drei Ferienhäuser in Åre/Björnänge
     Waldemarson Berglund Arkitekter AB,
     SE-Stockholm

048 Ein „Haus im Haus" in Gmunden
     arge.ateliers, A-Gmunden

052 „Haus Schwarzspecht" in Rantasalmi
     Kimmo Friman, FL-Helsinki

058 Dreiklang am Hang in Haselbach
     Architekt Karl Heinz Schwarz, A-Wien

064 Projekt 8 x 6 = 48 in Pany
     atelier-f architekten, CH-Fläsch

068 Chalet „Haus Bergfrieden" in Saas
     Max Dudler Architekten AG, CH-Zürich

074 Ein Generationenhaus in Bizau
     Architekten Hermann Kaufmann ZT GmbH,
     A-Schwarzach

080 Siedlungshaus in Jena
     Kaden Klingbeil, D-Berlin

084 Ein moderner Dreiseithof
     Architekt DI Horst Zauner, A-Wien

090 Ein Kleingartenhaus in Klosterneuburg
     Schuberth und Schuberth ZT KG, A-Wien

096 Ein ländliches Haus in Gunskirchen
     X architekten, A-Wien

102	Casa C in Reckingen camponovo baumgartner architekten, CH-Bern	148	Statt Stadel – Ein Wohnhaus in Neustift Architekten Mahlknecht Comploi, I-Brixen
108	Zwei kleine Wohnungen Baumann Roserens, CH-Zürich	154	Zimmererhaus in Weddersleben Hahne + Saar Architekten GmbH, D-Wernigerrode
112	Aussichtsreiches Haus in Märkisch Buchholz Dipl. Ing. Birgit Wessendorf, D-Berlin	158	Zwei Ebenen mit Ausblick bei Deggendorf Hiendl Schineis Architektenpartnerschaft, D-Passau
118	Ein Dorfhaus in Luzern Roman Hutter Architektur GmbH, CH-Luzern	162	Alpines Refugium auf dem Rittner Hochplateau Valtingojer Architekten, I-Meran
122	Einfamilienhaus in Weinfelden k_m architektur, A-Bregenz, D-Lindau	168	Haus mit Dachschwimmbad in Dillingen Gumpp.Heigl.Schmitt Architekten- partnerschaft, D-München
128	Haus an der Donau in Linz destilat Design Studio GmbH, A-Linz	174	Architekten- und Fotografenverzeichnis
134	Berghaus in Vens / Aosta Tal studio Albori, I-Mailand	176	Impressum
140	Berghaus in Wergenstein Miller & Maranta, CH-Basel		
144	Ein Wohnhaus-Arrangement bei Madrid FRPO Rodriguez & Oriol Arquitectos, SP-Madrid		

DIE ENTWICKLUNG DES BAUENS MIT HOLZ

Ludger Dederich

Ohne den Umgang mit Holz ist die Menschheitsgeschichte nicht vorstellbar. Die Menschen haben es immer verstanden, die Eigenschaften von Holz zu nutzen. Holz verfügt über eine lange Tradition als Baustoff, aus dem sich leichte Wände, weitgespannte Decken oder Dächer errichten lassen.

Dabei steht diese Tradition Innovationen nicht entgegen, beschränkt die Natürlichkeit des Baustoffs seine Anwendbarkeit nicht. Tatsächlich verhält es sich umgekehrt: Seitdem eine Berliner Baugruppe auf ihrem Traumgrundstück am Prenzlauer Berg ein siebengeschossiges Gebäude in Holzbauweise realisiert hat, sind mehrere Bauvorhaben in Größenordnungen realisiert worden, die althergebrachte Vorstellungen von Holzhäusern deutlich hinter sich lassen.

Das als e3 bekannt gewordene Projekt, das als eine in die Vertikale gekippte Reihenhauszeile interpretiert werden kann, macht deutlich, dass neben architektonischen Highlights auch pragmatisch angelegte Holzgebäude geschaffen werden. Grundlage für dieses neue Bauen mit Holz ist das über die Jahrhunderte gesammelte Wissen der Zimmerleute. Sie können mit den natürlichen Eigenschaften des Rohstoffs umgehen. Zudem ist es ihnen gelungen, ihr Handwerk mit dem konstruktiven Sachverstand von Bauingenieuren zu verknüpfen und den Architekten neue gestalterische Möglichkeiten zu eröffnen.

Bauten aus Holz bewähren sich seit Jahrhunderten. Die Fachwerkbauten des 16. und 17. Jahrhunderts, die einen bedeutenden Teil unseres baukulturellen Erbes ausmachen, stellen den unbestrittenen Höhepunkt handwerklichen Holzbaus dar. Zu Beginn des 20. Jahrhunderts setzte dann die industrielle Fertigung neuer Holzprodukte und Verbindungsmittel ein. Bereits in den 1920er-Jahren wurden auf der Grundlage des aus Nordamerika importierten Holzrahmenbaus hierzulande zahlreiche Projekte des Neuen Bauens in Holzbauweise errichtet.

Neue Maßstäbe für den Holzbau: Projekt e3 in Berlin
Architektur: Architekten Kaden Klingbeil, Berlin | Fertigstellung: 2008

Werthaltig und beständig: Sommerhaus Albert Einstein in Caputh
Architektur: Konrad Wachsmann / Christof & Unmack, Niesky | Fertigstellung: 1929

Ein modernes Gebäude in Holzbauweise auf individuelle Bedürfnisse auszurichten, ist für das Zimmererhandwerk eine alltägliche Übung. Dabei spielt es keine Rolle, wie groß das Haus werden, in welche Umgebung es sich einfügen soll, oder wie viel Platz dafür zur Verfügung steht: Jede Grundriss- und Gebäudeform kann umgesetzt werden. Ebenso wenig ist von Bedeutung, ob ein Holzhaus das ganze Jahr über genutzt wird oder nur zeitweise als Wochenend- und Ferienhaus. Das moderne Bauen und der Holzbau sind keine Gegensätze; ebensowenig wie das Begriffspaar Ferienhaus und Modernität.

Anbauten und Ergänzungen auf Restflächen in Holzbauweise sind heute üblich. Bauvorhaben im Zuge der Nachverdichtung können trotz enger Zufahrten oder anderer Hindernisse realisiert werden. Dabei werden die Holzbauteile einfach über bestehende Gebäude hinweg an ihren Bestimmungsort gehoben. Häufig sind auch Aufstockungen erst durch das geringere Gewicht der Holzbauweise möglich. Oftmals wäre jede andere Bauweise zu schwer.

Maßgeschneiderte Anpassung an neue Verhältnisse: Anbau in Lübeck
Architektur: Mißfeldt Kraß Architekten, Lübeck | Fertigstellung: 2010

Modern I: Ferienhaus am Scharmützelsee
Architektur: Doris Schäffler, Berlin | Fertigstellung: 2011

Moderne Interpretation des Einfamilienhauses mit Satteldach auf Restgrundstück in Jena
Architektur: Kaden Klingbeil, Berlin | Fertigstellung: 2012

Modern II: Ferienhaus in der Nordeifel
Architektur: mvmarchitekt + starkearchitektur, Köln | Fertigstellung: 2005

Funktionsoptimierte Bauteile in Holzbauweise bedeuten dabei in der Regel Flächengewinne und eine höhere Nutzungsflexibilität, was Modernisierungen und Umbauten jederzeit ermöglicht. Es ändern sich Lebensumstände und Ansprüche: Das Kinderzimmer soll Homeoffice werden, ein Umbau betreutes Wohnen im Alter ermöglichen. Die demografische Entwicklung und die vom Arbeitsmarkt geforderte Mobilität stellen starre Formen des Bauens in Frage. Wände in Holzbauweise können unproblematisch entfernt oder versetzt werden. Dank der trockenen Bauweise verursachen solche Veränderungen weniger Schmutz und Feuchte und lassen sich auch die Installationen einfach neuen Gegebenheiten anpassen.

HOLZ ALS BAUSTOFF

Holz entsteht in der „Fabrik" Wald. Die Sonne liefert die Energie, die einen Baum wachsen lässt. Ein Baum setzt eine Tonne CO_2 um, wenn ein Kubikmeter Holz entsteht, und bildet dabei je nach Holzart 250 bis 300 Kilogramm Kohlenstoff, ein Nebenprodukt ist Sauerstoff. Das Ergebnis ist ein Baustoff mit hoher Tragfähigkeit bei minimalem Materialeinsatz.

Die natürliche Vielfalt von Holz erlaubt es, daraus eine große Bandbreite von Produkten verschiedener Qualitäten und Eigenschaften herzustellen. Je nach Verwendungszweck können unterschiedliche Kriterien für Gestaltung, Tragfähigkeit und Beständigkeit berücksichtigt werden.

Alle Bauprodukte müssen dem Bauordnungsrecht entsprechen, denn im modernen Holzbau dürfen nur gekennzeichnete Produkte eingesetzt werden. Mit der Kennzeichnung durch das CE- oder das Ü-Zeichen bestätigt der Hersteller, dass sein Produkt diese Anforderungen erfüllt.

Für den Holzbau wird überwiegend Nadelholz verwendet: Fichte, Kiefer, Lärche und Douglasie sind leistungsfähige Holzarten. Aufgrund ihrer geringen Rohdichte haben konstruktive Vollholzprodukte aus Nadelholz gute und berechenbare Festigkeits- und Verarbeitungseigenschaften. Entwicklung, Auswahl, Sortierung und Einsatz der heute verfügbaren Holzprodukte erfolgen zielgerichtet, um den Wünschen und Anforderungen der Bauherren an ihr Traumhaus zu entsprechen.

Holz spricht intensiv unsere Sinne an. Je weitergehend unser Alltag technisiert wird, umso größer ist die Sehnsucht nach Kontakt mit natürlichen Dingen, die wir als sympathisch, charakteristisch und gesund wahrnehmen. Eine der Stärken von Holz ist, eine Vielzahl an synästhetischen Reizen zu vereinen: Holz riecht gut, fühlt sich warm an und lässt die Räume klingen.

MODERNE HOLZPRODUKTE

„Holz arbeitet!", hieß es gestern! Für die Anforderungen des modernen Holzbaus sind Holzprodukte mit exakt definierten Eigenschaften entwickelt worden. Trockenes Bauholz ist dabei die Voraussetzung für einwandfreies Bauen; die Verwendung von trockenem Holz ermöglicht ein Bauen ohne chemischen Holzschutz, einer der wesentlichen Vorzüge modernen Holzbaus. Es kommt nur Holz mit einer Feuchte von 15 ± 3 Prozent zum Einsatz.

VOLLHOLZPRODUKTE
Die Anforderungen an Bauhölzer tragen nicht nur einer zuverlässigen Festigkeit Rechnung, sondern bezwecken auch eine genau definierte Optik. So wird auf die Oberflächenqualität von Konstruktionsvollholz strenger geachtet, als im Regelwerk für Bauschnittholz gefordert. Die Kriterien zu Formhaltigkeit und Minimierung von Rissbildung werden schon durch die Art des Einschnitts im Sägewerk eingehalten.

Daneben wird im Holzhausbau Balkenschichtholz, das aus zwei bzw. drei verklebten Einzelquerschnitten besteht und DUO- bzw. TRIO-Balken genannt wird, verwendet.

Brettschichtholz – auch als Leimholz bezeichnet – ist schon ein Klassiker unter den modernen Holzprodukten. Hergestellt wird es aus trockenen und gehobelten Brettlamellen, die gestapelt miteinander verklebt werden.

Ein relativ junges Holzprodukt ist Brettsperrholz, das in Form von plattenförmigen Elementen für Wände, Decken und Dächer eingesetzt wird. Brettsperrholz wird aus mehreren Lagen kreuzweise gestapelter trockener Bretter hergestellt. Die Brettlagen werden untereinander verklebt, alternativ mit Nägeln, Klammern oder Holzdübeln verbunden.

HOLZWERKSTOFFE

Holzwerkstoffe werden aus Holzspänen, -chips oder -fasern, aus Brettern oder Stäben, Furnieren oder Furnierstreifen mit geringen Leimanteilen oder ohne Zugabe von Bindemitteln hergestellt. Verklebt werden die Holzwerkstoffe unter Hitze, mit Druck oder mit Mikrowellen. Die Art der Verklebung hat Einfluss u. a. auf die Festigkeiten und Emissionseigenschaften. Der Wert der Formaldehydabgabe für die Emissionsklasse E1 wird bei allen diesen Holzwerkstoffen unterschritten.

Im modernen Holzbau werden OSB, Mehrschichtplatten und Sperrholz für statische Zwecke sowie für den Wärme-, Schall- und Brandschutz verwendet. Faserplatten werden als wasserführende Ebene auf der Außenseite von Wand- und Dachbauteilen oder als Dämmstoff eingebaut. Zementgebundene Spanplatten verbinden die Eigenschaften mehrerer Plattenprodukte, sind schädlings- bzw. verrottungssicher. Sie können zur Fassadengestaltung oder in Nassräumen Verwendung finden.

GIPSBAUSTOFFE

Gipskarton- und Gipsfaserplatten dienen nicht nur als Putzersatz auf Wand- und Deckenflächen, sondern leisten auch einen Beitrag zum Brand-, Schall- und Feuchteschutz. Sie werden auch bei Bedarf zu tragenden oder aussteifenden Zwecken herangezogen.

MODERNE HOLZBAUWEISEN

Im Holzhausbau unterscheidet man mehrere Systeme. Die modernen Holzbauweisen basieren auf einer weit reichenden Standardisierung, folgen grundsätzlich einem Systemgedanken und sind durch einen hohen Grad an Vorfertigung gekennzeichnet. Es handelt sich um offene Systeme, die eine große Bandbreite technischer Lösungen für individuelle Ausführungen bieten und miteinander kombiniert werden können. Projektbezogen erfolgen Planung und Umsetzung. Durch die Entwicklung von Fertigungstechniken wie z. B. CNC-gesteuerter Abbundanlagen ist die Massenproduktion für kostengünstiges und schnelles Bauen nicht mehr notwendig. Mit diesen Verfahren können individuelle Wünsche erfüllt werden und sind Einerserien möglich.

HOLZSKELETTBAU

Der Fachwerkbau ist ein historisches System, das kaum noch für Neubauten Anwendung findet. Sein Nachfolger ist der Holzskelettbau. Diesen prägt eine lineare Tragstruktur, die aus durchgehenden Stützen und waagerechten Trägern besteht. Von den anderen Konstruktionsweisen unterscheidet sich der Skelettbau durch den großen Stützenabstand von bis zu fünf Metern sowie die Trennung von tragender und raumbildender Struktur. Zur Aussteifung werden Stahlverbände oder Holzrahmenbauelemente eingesetzt. Dank der nichttragenden Wände ist die Grundrissgestaltung überaus flexibel. Der Skelettbau ist die typische Bauweise für das „offene", mit transparenten Fassaden kombinierte Wohnen.

Traditionell und modern zugleich: Rohbau eines Holzskelettbaus

HOLZRAHMENBAU

Das Tragwerk besteht aus regelmäßig angeordneten Ständern mit oberen und unteren Rahmenhölzern und ist beidseitig mit Holzwerkstoffen beplankt. Insgesamt kommen den einzelnen Komponenten folgende Funktionen zu:

Vollholzrahmen für horizontale und vertikale Lastabtragung, Beplankung mit Holzwerkstoffen für Aussteifung, Luft- und Winddichtung sowie Brandschutz, Dämmung für Wärme- und Schallschutz, u. U. mit brandschutztechnischer Bedeutung.

Holzrahmenkonstruktionen werden mittels vorgehängter Außenbekleidungen aus Holz oder Holzwerkstoffen, durch Wärmedämmverbundsysteme mit Putzoberfläche oder durch hinterlüftete Mauerwerkvorsatzschalen vor Witterungseinflüssen geschützt.

Die mittlerweile übliche Bauweise des diffusionsoffenen Holzrahmenbaus wurde zu Beginn der 1990er-Jahre als ein Ansatz ökologischen Bauens entwickelt. „Diffusionsoffen" meint, dass der Wasserdampftransport durch ein Bauteil zugelassen wird, wobei im Zuge der Planung nachgewiesen wird, dass die Konstruktion frei von Kondensat bleibt. Solche Bauteile verfügen über ein hohes Austrocknungsvermögen sowohl nach außen als auch nach innen, da statt einer dampfsperrenden Kunststoffbahn eine Holzwerkstoffbeplankung auf der Innenseite der Bauteile als Dampfbremse eingebaut ist. Umgangssprachlich würden solche Konstruktionen als „atmungsaktiv" bezeichnet.

Schnell und präzise I: Montage von Holzrahmenbau-Elementen für ein Wohnhaus

Schnell und präzise II: Montage von Holzrahmenbau-Elementen mit bereits integrierten Fenstern und der Fassadenbekleidung

Deckenkonstruktionen können als sichtbare Balkenlage mit oberseitiger Beplankung oder als geschlossene Elemente ausgeführt werden. Es ist zudem möglich, bei der Ausführung benachbarter Bauteile unterschiedliche Holzbausysteme zu nutzen: die Wände in Holzrahmenbauweise, die Geschossdecken aus Holzmassivbauelementen. Ebenso sind Dachform und -konstruktion wie die Fassadengestaltung frei wählbar.

Der Holzrahmenbau ist ein wirtschaftliches Bausystem. Heute unterscheidet sich der handwerkliche Holzrahmenbau kaum noch von der in Fertighausunternehmen praktizierten Holztafelbauweise. Der Grad der Vorfertigung variiert je nach Bauaufgabe. Beide Bausysteme erlauben die regendichte Montage eines Einfamilienhauses an einem einzigen Tag.

HOLZMASSIVBAU

Der Blockhausbau als die ursprünglichste Holzbauweise war weit verbreitet und hat wie der Fachwerkbau die Entwicklung der europäischen Holzbauarchitektur geprägt. Er ist in bestimmten Gegenden immer noch die typische Bauweise, doch für die veränderten Ansprüche an moderne Gebäude wurden neue Systeme für Holzmassivkonstruktionen entwickelt. Den modernen Holzmassivbau prägt der Einsatz großformatiger Bauteile. Im Unterschied zur Blockbauweise werden nicht nur Wand- und Deckenelemente, sondern auch Dachbauteile ausgebildet. Dabei unterscheidet man das Bauen mit Brettstapelelementen und das mit Brettsperrholz.

Brettstapelelemente, aus stehend angeordneten, mit Leim, Nägeln, Schrauben oder Hartholzdübeln verbundenen Brettern hergestellt, werden vornehmlich für Geschoßdecken verwendet.

Elemente aus Brettsperrholz finden als Wand- und Dachbauteile Verwendung. Der geringere konstruktive Aufbau von massiven Holzdecken gegenüber einer normalen Holzbalkendecke reduziert die Geschosshöhe, und das geringe Gewicht wirkt sich grundsätzlich positiv auf alle anderen Bauteile bis hin zur Gründung aus.

Brettsperrholzelemente sind in sich so steif, dass die Anzahl und Länge der aussteifenden Wände reduziert werden kann. Alle Bauteile werden in einem Stück als geschosshohe und gebäudelange Elemente gefertigt und montiert. Die gestalterische Freiheit ist dabei nicht eingeschränkt. Dämmschichten, Vorsatzschalen und Fassadenelemente werden einfach an die Elemente geschraubt.

Massiv und innovativ I: Holzmassivbauteile für das Haus W., Hamburg
Architektur: Kraus Schönfeld, Hamburg | Fertigstellung: 2007

Schnell und präzise III: Montage eines Brettstapelelements

Massiv und innovativ II: Das fertiggestellte Haus W. in Hamburg
Architektur: Kraus Schönberg, Hamburg | Fertigstellung: 2007

MISCHBAU

Unter Mischbauweisen versteht man Kombinationen von Bauteilen aus Holz oder Holzwerkstoffen mit mineralischen oder metallischen Materialien. Die Holzbauteile werden meist für die Dach- oder Außenwandkonstruktion eingesetzt, während Baustoffe wie Ziegel, Beton oder Stahl als Wände, Decken und Stützen tragende und aussteifende Funktionen übernehmen. Häufig werden mehrgeschossige Bauten so realisiert. Für Sanierungen werden Wandelemente in Holzrahmenbauweise als wärmegedämmte Fassade vor der vorhandenen Tragkonstruktion angebracht.

DIE BAUPHYSIK IM HOLZHAUS

WÄRMESCHUTZ

Die Bedeutung des Wärmeschutzes hat kontinuierlich zugenommen – ein Nebeneffekt des hohen Dämmstandards: Die Oberflächentemperaturen auf der Innenseite der Außenwände entsprechen nahezu der Raumtemperatur – ein sehr angenehmes Raumklima ist die Folge. Moderne Holzbauweisen erreichen problemlos das Anforderungsniveau der Wärmeschutzanforderungen und erfüllen die Maßgaben für KfW-Effizienzhäuser.

Holz ist bereits von Natur aus ein guter Dämmstoff. Zusammen mit den platzsparend zwischen den Ständern oder als eigenständige Ebene im Wandaufbau angeordneten Dämmstoffen werden hervorragende Wärmedämmeigenschaften erzielt. Liegt die Dämmung in der tragenden Konstruktion, werden besonders gute Wärmedämmeigenschaften bei geringem Flächenverbrauch erzielt.

Moderne Holzhäuser verfügen neben einem hohen Dämmstandard auch über die erforderlichen Speichermassen, um ebenfalls den sommerlichen Wärmeschutz zu gewährleisten. Dafür reichen Estriche, Gipsbauplatten und massive Holzbauteile aus. Vorteilhaft erweist sich der Einsatz von Dämmstoffen mit großer Rohdichte und hoher Wärmespeicherfähigkeit.

BRANDSCHUTZ

Holz brennt – äußerst berechenbar! Auch Holzhäuser erfüllen die geltenden Brandschutzanforderungen. Das Brandentstehungsrisiko steht nicht primär im Zusammenhang mit der Bauweise, sondern ist abhängig von der Wohnungsausstattung bzw. -einrichtung, dem Verhalten der Bewohner sowie dem Grad und der Güte der technischen Installation. Die konstruktiven Holzelemente selbst beteiligen sich (wenn überhaupt) erst viel später am Brandgeschehen.

Die Standsicherheit einer brennenden Holzkonstruktion bleibt im Brandfall gewahrt, da sich an der Oberfläche eine Holzkohleschicht bildet. Diese Schicht schützt das Innere, das tragfähig bleibt. Meist werden Holzbauteile durch nichtbrennbare Materialien vor direkter Brandeinwirkung geschützt. Daher ist bei Holzhäusern ein plötzlicher Zusammenbruch nicht zu befürchten, weshalb Feuerwehrleuten der Baustoff Holz sympathisch ist. Holz entwickelt außerdem deutlich weniger giftige Brandgase als andere Baustoffe.

An Einfamilienhäuser werden keine besonderen Brandschutzanforderungen gestellt. Generelle Forderung ist allein die Verwendung mindestens normal entflammbarer Baustoffe, zu denen die üblichen Holz- und Holzwerkstoffprodukte gehören. Erst Doppel- und Reihenhäuser müssen weitergehende Vorgaben erfüllen. Selbst höhere Brandschutzanforderungen für z. B. mehrgeschossige Gebäude werden mit Holzbauweisen gut erfüllt.

SCHALLSCHUTZ

Im modernen Holzbau sorgt weniger die Masse der Bauteile als vielmehr ein intelligenter Schichtenaufbau für Ruhe: Wand-, Decken- und Dachbauteile werden in der Werkstoffauswahl und Schichtenanordnung so komponiert, dass die Forderungen an den Schallschutz im Hochbau sicher erfüllt werden. Auch die Anforderungen an den erhöhten Schallschutz lassen sich im Holzbau erfüllen. Geeignete Maßnahmen sind u. a. mehrschalige Konstruktionen mit schweren, biegeweichen Bekleidungen, Hohlraumdämpfung mit Dämmstoffen und die Vermeidung von Schallnebenwegen über Undichtigkeiten. Für den eigenen Wohnbereich sind Empfehlungen für die Bauteile formuliert, die als Ziele mit Herstellern und Architekten vereinbart werden können. Für Planung und Umsetzung solcher Festlegungen sind schalltechnisch bewertete Holzbaukonstruktionen verfügbar.

HOLZSCHUTZ

Hitze oder Kälte, Temperaturschwankungen oder die meisten chemisch-aggressiven Schadstoffe können Holz nichts anhaben. Holzschutz bedeutet vor allem Schutz vor Feuchtigkeit. Der bauliche Holzschutz ist die Lebensversicherung eines Holzgebäudes. Der wesentliche Bestandteil ist ein ausreichender Feuchteschutz, der durch konstruktive Maßnahmen und die Luftdichtheit der Gebäudehülle sichergestellt wird.

Technisch vorbildlich: Konstruktiver Holzschutz dank großem Dachüberstand
Architektur: Architekt Wilfried Kaufmann, Schwalmtal | Fertigstellung: 2005

Die Holzschutznormen formulieren für den Holzhausbau den Vorrang des konstruktiven Holzschutzes. Im Innenbereich sind bei üblichem Raumklima Holzschutzmittel ausdrücklich verboten. Selbst Hölzer auf einer Betonsohle können frei von chemischem Holzschutz bleiben, wenn resistente Kernhölzer (z. B. Lärche oder Douglasie) verwendet werden.

Im Außenbereich kommt es auf die Planung des konstruktiven Holzschutzes an. Tragende Bauteile müssen vor direkter Bewitterung geschützt sein. Ist dies nicht möglich, muss Wasser schnell abfließen können und darf sich nicht anstauen. Werden mit Lärche, Douglasie oder Eiche resistente Holzarten eingesetzt, können im Außenbereich dauerhafte Konstruktionen ohne chemischen Holzschutz realisiert werden. Mit der Verwendung trockener Vollholzprodukte und einer fachgerechten Bauausführung ist dauerhaft eine Holzfeuchte der tragenden Bauteile unterhalb von 20 Prozent gewährleistet.

FEUCHTESCHUTZ UND LUFTDICHTHEIT

Gebäude sind luftdicht auszuführen. Mittels dichter Gebäudehüllen wird der Verlust von Lüftungswärme reduziert und Energie gespart. Gleichzeitig ist die Luftdichtheit für den Schallschutz und im besonderen Maße für den Feuchteschutz einer Konstruktion von Bedeutung.

Dringt Feuchte in ein Bauwerk ein, wird – unabhängig von der Bauweise – die Funktion der Bauteile beeinträchtigt. Daher ist der Witterungsschutz durch hinterlüftete Fassadenbekleidungen oder durch Putzoberflächen, funktionale Anschlussdetails an Laibungen und Bauteilübergängen und der Spritzwasserschutz in den Bädern von besonderer Bedeutung. Hinterlüftete Fassaden erzeugen im Holzbau eine durchgängige „Dränageebene" vor der eigentlichen Konstruktion. Ungewollt eindringende Feuchte wird auf einer wasserführenden Schicht sicher abgeleitet. Auch Wärmedämmverbundsysteme und Putze sind bei Holzbauvorhaben möglich.

INNENRAUMKLIMA

In Holzgebäuden herrscht ein besonders angenehmes Raumklima, da die Oberflächentemperaturen auf der Innenseite von Außenwänden aufgrund der hohen Dämmeigenschaften nahezu der Raumtemperatur entsprechen. Im Winter fühlt man sich auch bei niedrigeren Raumtemperaturen wohl. Zudem kühlen Holzhäuser dank dieser Dämmeigenschaften nur langsam aus, nach längerer Abwesenheit wird die Wohlfühltemperatur schnell wieder erreicht. Aufgrund der natürlichen Eigenschaft von Holz, Feuchtigkeit sorptiv aufzunehmen, zu speichern und diese bei trockener Umgebung wieder abzugeben, wird die Raumluftfeuchtigkeit bei diffusionsoffener Bauweise auf ein angenehmes Maß geregelt.

AUSBAU

Der Innenausbau beeinflusst erheblich das Wohlbefinden der Bewohner. Dabei sind die Freiheiten nahezu unbegrenzt. Neben den üblicheren Holzprodukten können für Fußböden oder Deckenbekleidungen, für Türen und Mobiliar auch Holzarten verwendet werden, die in erster Linie aufgrund ihrer optischen Erscheinung oder ihrer haptischen Wirkung überzeugen.

Kreativer Umgang mit modernen Holzprodukten: Treppenhaus aus Sperrholz im Haus neo_leo in Köln
Architektur: lüderwaldt verhoff architekten, Köln | Fertigstellung: 2005

HAUSTECHNIK IM HOLZBAU

Haustechnische Installationen dienen der Sicherstellung eines behaglichen Raumklimas. Im Holzhausbau beeinflussen die Installationen die Baukonstruktion. Sie haben Auswirkungen auf die Vorfertigung, die Anordnung von Feuchtesperren und die gegebenenfalls notwendige Schallentkopplung. Daher gilt: Anlagentechnische Details sind frühzeitig zu planen! Für Holzgebäude können Installationen werkseitig umfassend vormontiert werden. Dann werden im Zuge der Montage nur noch die Anschlüsse im Bereich der Elementstöße, wie z. B. an den Deckendurchdringungen, eingebaut und anschließend die Sanitärobjekte montiert.

Aufgrund der im Holzbau üblichen Wärmedämmstandards ergibt sich eine geringe Heizlast. Für ein Wohnhaus mit ca. 150 m² Wohnfläche reicht eine Heizleistung von 5 bis 7 kW aus. Weitere Standards wie der Passivhausstandard oder die von der KfW geförderten Konzepte bedingen Heizleistungen von max. 1,5 kW.

EXKURS: PASSIVHAUSBAUWEISE

Unter einem „Passivhaus" versteht man ein Gebäude, das aufgrund überdurchschnittlicher Wärmedämmeigenschaften in Kombination mit haustechnischen Anlagen sowohl im Winter als auch im Sommer keine zusätzliche Heizungs- oder Kühlleistung zur Deckung des Energiebedarfs benötigt. Derartige Häuser werden „passiv" genannt, da der überwiegende Teil des Wärmebedarfs aus „passiven" Quellen wie solarer Einstrahlung oder Erdwärme sowie Abwärme von Personen oder von Haushaltsgeräten gedeckt wird.

Aktiver Beitrag zum Klimaschutz: Passivhaus in Holzbauweise in Düsseldorf
Architektur: WOLLENWEBERARCHITEKTUR, Düsseldorf
Fertigstellung: 2010

DIE ROLLEN ALLER BETEILIGTEN BEI EINEM HOLZHAUSPROJEKT

Die Bauherrschaft sollte sich bewusst für ein Holzhaus entschlossen haben, bevor sie einen Architekten auffordert, den Entwurf auszuarbeiten. Danach wird mit dem Statiker die geeignete Holzbauweise, anschließend werden die Details mit dem Holzbauunternehmen abgestimmt. Weitere Fachplaner können bei Bedarf hinzugezogen werden, doch wickelt das Team aus Bauherrschaft, Architekt und Bauingenieur die meisten Aufgaben ab.

Wie man als Bauherr seinen Partner findet, dafür gibt es kein Standardrezept. Nicht alle Architekten verfügen über die gleichen Erfahrungen mit Holzbauprojekten. Erfahrung ist jedoch vonnöten, um das Vorhaben kostensicher und zeitgerecht zu realisieren. Die Empfehlung lautet daher, sich im Bekanntenkreis, in der Nachbarschaft oder der Region anhand von Referenzobjekten nach Fachleuten zu erkundigen.

Ist entschieden, welcher Betrag für die Baukosten zur Verfügung steht – aus Gründen der Werthaltigkeit sollte man von mindestens 1.400 € je m² Wohnfläche für die Kostengruppen der Baukonstruktion und des Innenausbaus bzw. die Haustechnik ausgehen, darüber hinaus ist alles möglich – und wie das Gebäude aussehen soll, können die weiteren Projektschritte innerhalb von vier Monaten abgearbeitet sein. Die Arbeiten auf der Baustelle nehmen davon nur etwa zwei Wochen in Anspruch.

AUSFÜHRUNG, EIGENLEISTUNG UND WERTHALTIGKEIT

Gleich bleibend hohe Qualität bietet die werkseitige Vorfertigung von Holzbauteilen; diese bedingt die für die Umsetzung komplexer Planungen erforderlichen Ausführungsstandards. In der Folge ist nicht nur die wind- und wasserdichte Gebäudehülle schnell montiert, auch der Innenausbau kann zügig erfolgen. In Verbindung mit einem Innenausbau in Trockenbauweise bedarf es keiner Trocknungszeiten oder des „Trockenwohnens".

Eigenleistungen sind erst ab der luftdichten Ebene sinnvoll. Damit ist die Schnittstelle zwischen Eigenleistung und Handwerk definiert, und der weitere Ausbau kann unter komfortablen Randbedingungen erfolgen. Im Interesse der Bauherrschaft und aus Gründen der Gewährleistung sollten konstruktive Bauteile nur von professionellen Holzbauunternehmen errichtet werden.

Unternehmen, die im Holzhausbau geschlossene Wandelemente fertigen, unterliegen einer Eigen- und Fremdüberwachung entsprechend der Holztafelbaurichtlinie. Viele Firmen sind darüber hinaus Mitglied in Güte- und Qualitätsgemeinschaften. Die Gütegemeinschaften regeln die Zertifizierung mit dem Gütezeichen Holzhausbau. Ergänzende Anforderungen werden für die Mitgliedsbetriebe in Qualitätsgemeinschaften festgelegt. Diese beziehen sich z.B. auf die gesundheitliche Unbedenklichkeit der eingesetzten Bauprodukte. Bei der Auswahl der Betriebe sollte daher auf die Zugehörigkeit zu einer Güte- oder Qualitätsgemeinschaft geachtet werden. Nicht zuletzt tragen diese Ausführungsbedingungen zur Werthaltigkeit moderner Holzgebäude bei. Aufgrund der Standards werden die technische Lebensdauer, die Gesamtnutzungsdauer und Restnutzungsdauer, und damit der Wert eines Holzhauses dauerhaft positiv beeinflusst.

DIE PROJEKTE

FERIENHAUS PFÄNDERSPITZ IN LOCHAU

Philip Lutz ZT GmbH | A – Bregenz

Wenn ein Architekt ein Haus mit einem fünfeckigen Grundriss baut, vermutet man dahinter weltanschauliche Gründe, wie etwa bei einem anthroposophischen Pentagramm. Hier ergab sich die Form naheliegend aus dem dreieckigen Grundstückszuschnitt und den erhaltenswerten Bäumen. Auch die attraktive innere Raumfolge mit halbgeschossig versetzten Ebenen ist eine Konsequenz aus der vorgefundenen Topografie. Die schwarze Holzschindelverkleidung ist ebenfalls eine Reaktion auf die Umgebung. Sie orientiert sich am benachbarten Gasthaus „Schwedenschanze", einem populären Ausflugsort. So hatte die Familie beim Wandern das Grundstück überhaupt entdeckt: Hier in grandioser Lage über dem Bodensee war eine alte Gartenhütte zu verkaufen, die nun durch dieses sehr passable Ferienhaus ersetzt wurde.

Erschlossen wird es auf der mittleren der sechs Ebenen über eine Stahlbrücke. Durch den Versatz sind bei 110 m² Grundfläche bis auf den Kellerzugang keine Verkehrsflächen nötig, man bewegt sich durch kommunikative Ebenen, die über die geschickt angeordneten großen Fenster immer neue Blickbezüge in die Landschaft bieten. Obwohl es keinen rechten Winkel gibt, scheinen keine Restflächen oder funktionale Kollisionen zu entstehen. Man erlebt den Innenraum als organisch umschließendes Gehäuse, zumal alle Wände mit astfreier Weißtanne ver-

Die schwarze Holzschindelverkleidung orientiert sich am dunklen Blockhausbau eines benachbarten Gasthofs.

Philip Lutz ZT GmbH, A-Bregenz
Anzahl der Bewohner: 2+2
Baubeginn: April 2009
Fertigstellung: Dezember 2009

Bauweise, -konstruktion, -materialien:
Keller und hangberührte Bauteile Stahlbeton. Aufsteigende Bauteile Holzriegelbauweise. Dämmung Mineralwolle. Innenverkleidung Weißtannentäfer gehobelt. Außenverkleidung Tannenschindeln 50 cm lang, schwarz gebeizt. Dachhaut Bitumenschindeln dunkelgrau, Brücke und innenliegendes Tragwerk: Stahlträger schwarz verzundert. Fußböden: Ahorndielen.

Baukosten gesamt: 270.000 € (netto)
Baukosten je m² Wohn- und Nutzfläche: 1.862 €

Vom Eingang erreicht man die Küche mit der freistehenden Kochinsel, aber das Zentrum bildet der ein halbes Geschoss tiefer liegende Wohnraum mit seinem mächtigen Holzofen.

kleidet sind und auf dem Boden Ahorndielen liegen. Die Hausmitte bildet ein stattlicher schwarzer Holzofen, von dem Sitzstufen zur Küchenebene ansteigen. Der Schlafraum mit Bad liegt im Untergeschoss, eine weitere gemütliche Koje erreicht man auf der Galerie unterm Dach.

Über dem betonierten Sockelgeschoss ist das Haus in Holzständerbauweise errichtet. Um Konstruktionshöhe zu sparen, liegen die Geschossdecken auf Stahlträgern, auch das flach geneigte Satteldach wird von zwei Doppel-Profilen getragen. Sie sind schwarz verzundert und bilden mit den Geländern und der Kaminumrandung einen grafischen Kontrast zu den hellen Holzflächen.

Außer dem Ofen wird das Haus von einer strombetriebenen Luft-Wärmepumpe temperiert: sie versorgt Heizschlangen, die in einem Quarzsandbett in den Geschossdecken verborgen sind. Als Unterkonstruktion für die Innenvertäfelung dienen auf den tragenden Holzständern OSB-Tafeln und eine Lattung, außen sind die Schindeln auf eine Rauspundschalung genagelt, dazwischen liegt eine 28 Zentimeter dicke Dämmung. Ein Holzhaus, fürwahr: aus 40 Stämmen Weißtanne und 14 Stämmen Ahorn. Kein Wunder, da die Familie einen eigenen Forst besitzt und die Bauherrin eine Tischlerei betreibt.

Unterm Dach hinter der Galeriebrüstung liegt eine weitere Schlafkoje, die Küche bleibt immer im Blick.

Anstelle einer von der Kubatur und der Wetterlage her kritischen Loggia hat man große Schiebetüren eingebaut, sie verschwinden in den Außenwänden zwischen Ständern und Wandverkleidung.

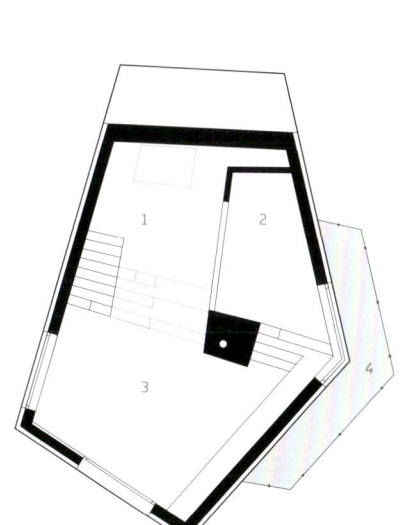

GRUNDRISS
OBERGESCHOSS
M 1:200

1 LUFTRAUM
2 GALERIE
3 ESSEN
4 TERRASSE

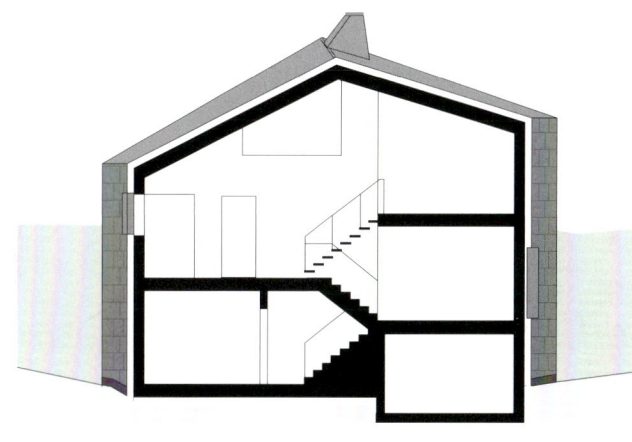

LÄNGSSCHNITT
M 1:200

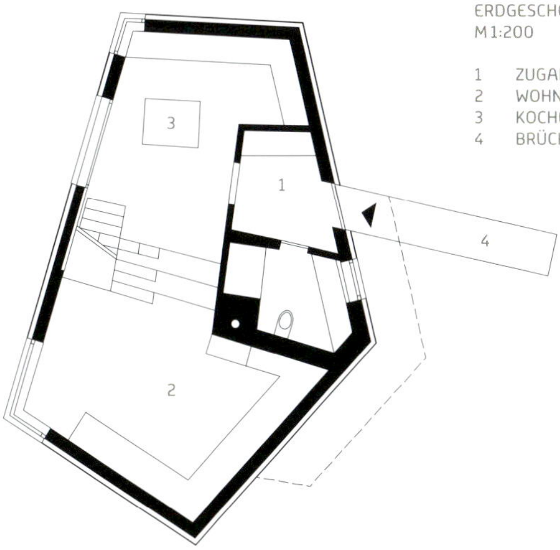

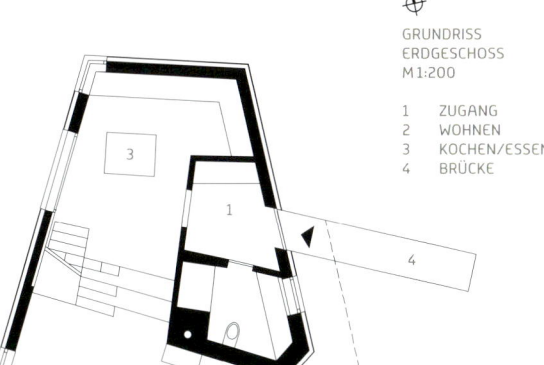

GRUNDRISS
ERDGESCHOSS
M 1:200

1 ZUGANG
2 WOHNEN
3 KOCHEN/ESSEN
4 BRÜCKE

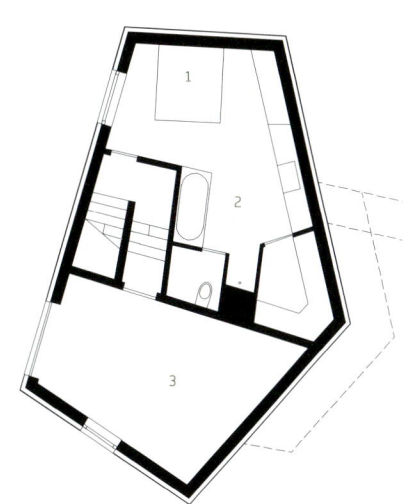

GRUNDRISS
UNTERGESCHOSS
M 1:200

1 SCHLAFEN
2 BAD
3 KELLER

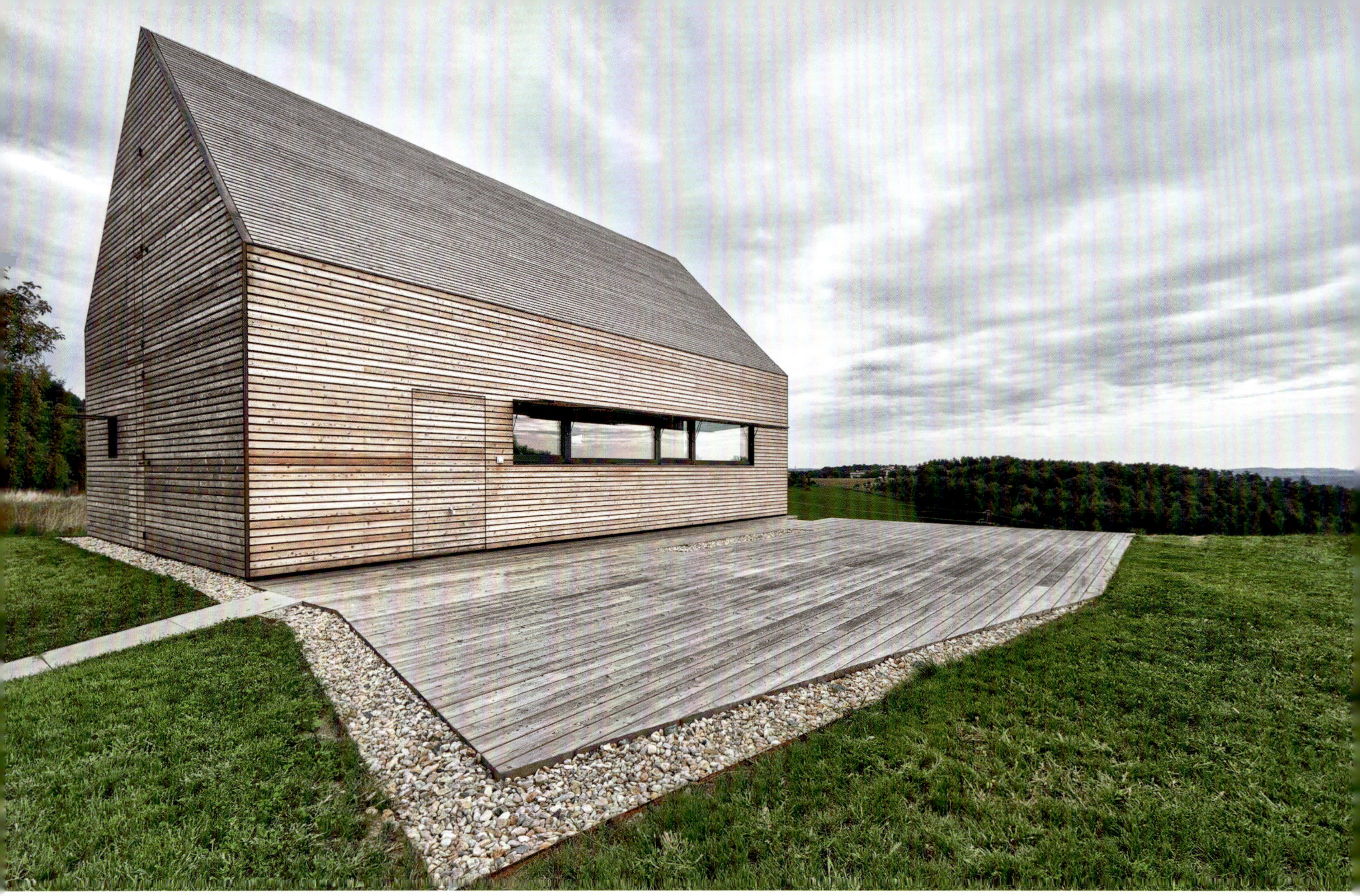

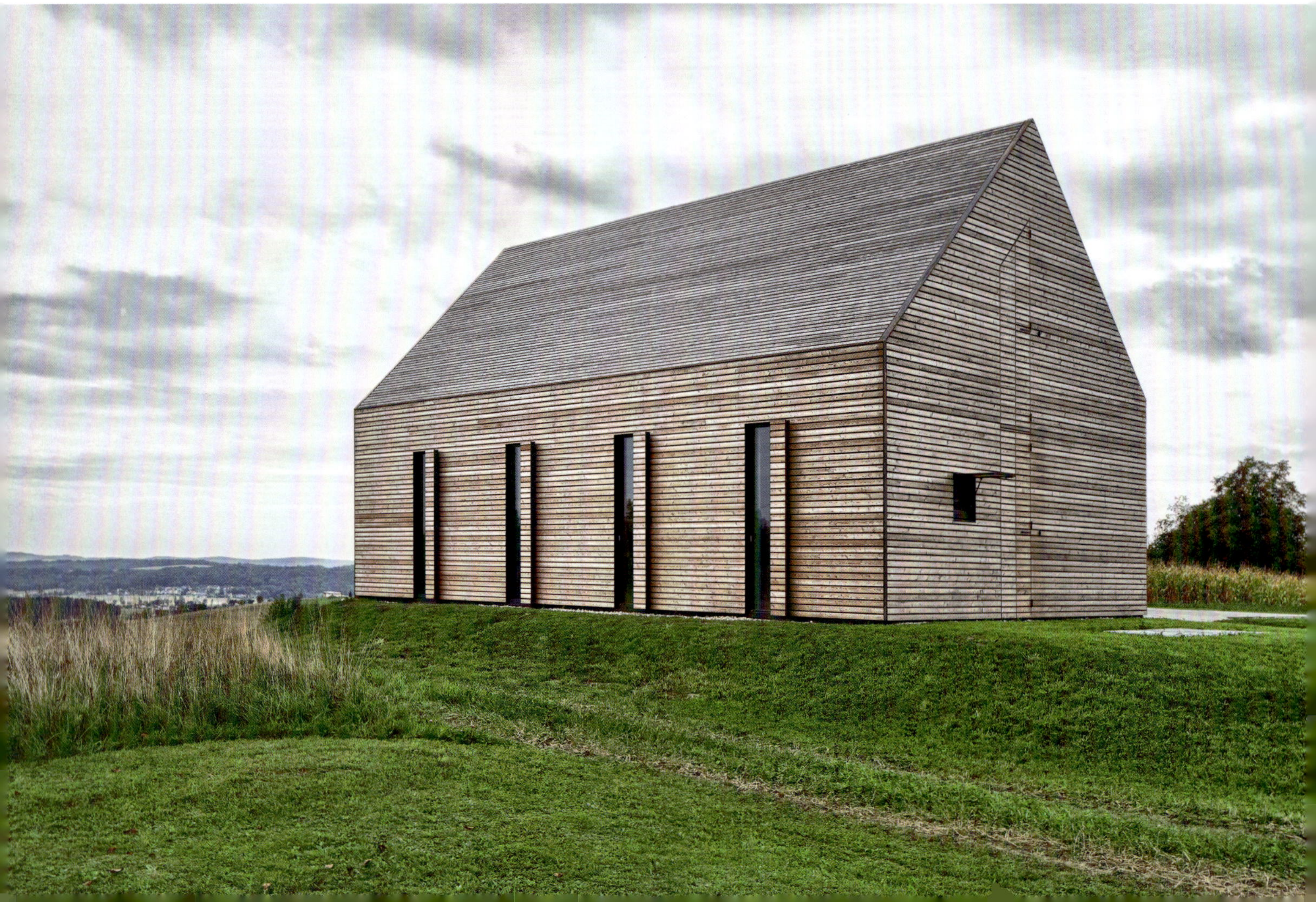

KELLERSTÖCKEL IM BURGENLAND

Judith Benzer Architektur | A – Wien

Ein Sommerhaus, das sich auf die Region und die Jahreszeiten bezieht. Es steht archetypisch wie die Urhütte des Abbé Laugier in der Landschaft, gerade im Winter, wenn es verschlossen die kalte Jahreszeit überdauert. Dann fügen sich die Holzläden in die Schraffur der Lärchenrostfassaden und ergeben eine hermetische Skulptur. In den Vegetationszeiten bildet das Winzerhaus eine sichtbare Station über dem an der abgegrabenen Hangseite befahrbaren Weinkeller. Wir sind im Burgenland, hier prägt die Weinproduktion die regionale Bauweise, an die sich das kleine Haus anschließt: als traditionelles „Kellerstöckel".

Über dem betonierten Weinkeller steht das Gebäude als Holzkonstruktion. Das Tragwerk besteht aus Brettsperrholzelementen (BSP), sie sind nicht nur statisch wirksam, sondern bilden gleichzeitig den inneren Raumabschluss. Sichtbeton und eine gefaltete Stahltreppe geben den nötigen Kontrast. Alle Materialien sind unbehandelt und unverkleidet.

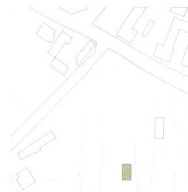

Links oben: Die ebenfalls holzbelegte Terrasse wirkt wie ein Schatten des Hauses.

Links unten: Ein schlichtes Holzhaus, das vorwiegend im Sommer bewohnt wird.

Vom Essplatz am Ende der Küchenzeile hat man die Landschaft und die Einfahrt zum Weinkeller im Blick. Dieser ist nur von außen zugänglich.

Sehr platzsparend ist der Schlafraum angelegt; die Schiebetüren trennen den Flur als Verkehrsfläche davor ab.

Eine artifizielle Stahltreppe führt zu einer Arbeitsgalerie, die Treppenwand separiert die privateren Räume.

Das Erdgeschoss ist kompakt organisiert. Eine betonierte Scheibe reicht von der Kellerdecke als Treppenwange bis auf die Brüstungshöhe einer eingestellten Galerie. Diese Treppenwand trennt Garderobe und Küche von den Sanitärräumen und einer Schlafkoje mit Doppelbett, die durch Schiebetüren bei Bedarf mit dem Flur platzsparend kurzgeschlossen wird. Am Ende der massiven Scheidewand korrespondieren der Essplatz und die Sitzecke des Wohnraums miteinander.

Als dessen Erweiterung dient die Galerie, hier gibt es einen Arbeitsplatz und eine weitere Schlafgelegenheit. Geheizt wird noch mit elektrischen Radiatoren, für eine Nachrüstung ist ein Haustechnikraum vorgesehen.

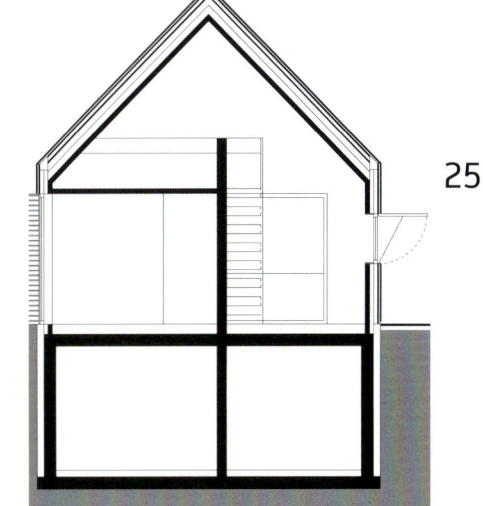

QUERSCHNITT
M 1:200

Judith Benzer Architektur, A-Wien
Grundstücksgröße:	4.365 m²
Überbaute Fläche:	85 m²
Wohnfläche:	96 m²
Nutzfläche:	176 m²
Bruttorauminhalt:	546 m³
Anzahl der Bewohner:	2
Baubeginn:	2010
Fertigstellung:	2011

Bauweise, -konstruktion, -materialien:
Keller als Stahlbeton-Fertigteilkeller mit Fertigteil Deckenelementen, oberirdisch Holzkonstruktion mit Brettsperrholzplatten und Holzriegelkonstruktion in der Dämmebene

Baukosten gesamt (KG 300 + 400 HOAI): ca. 320.000 € (netto)
Heizenergiebedarf: 40 kWh/m² · a

GRUNDRISS
OBERGESCHOSS
M 1:200

1 WOHNEN/GALERIE
2 LUFTRAUM

Wenn die Läden bei Abwesenheit geschlossen sind, wird es zur engmaschigen Skulptur. Die ausstellbaren Küchenklappen dienen als Sonnenschutz.

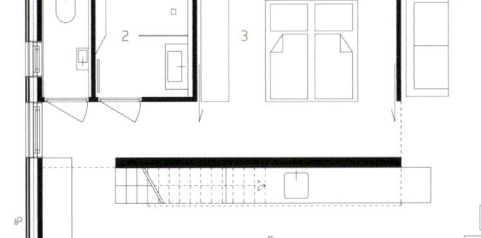

GRUNDRISS
ERDGESCHOSS
M 1:200

1 ZUGANG
2 BAD
3 SCHLAFEN
4 ESSEN/WOHNEN
5 KOCHEN

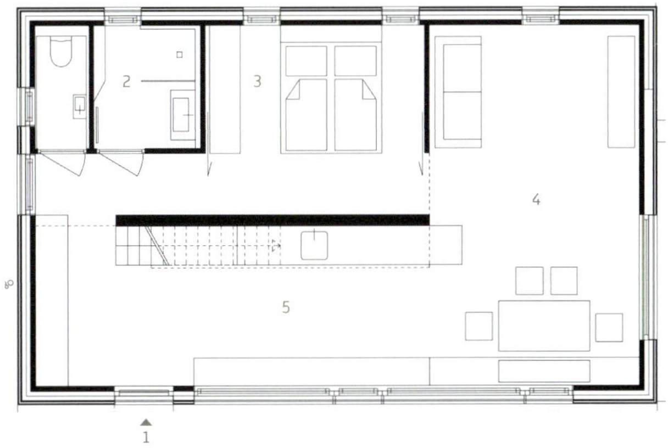

EIN STADTHAUS BEI CHUR

Robert Albertin | CH – Haldenstein

Das Quartier Böschengut am Rand von Chur ist durch seine ideale Aussichtslage bestimmt. Dafür hat die Stadt eine strenge Ordnung für die Häuser vorgegeben, ihre Position und ihre maximale Kubatur sind festgelegt. Die Zufahrtsstraßen, die den Höhenlinien folgen, werden von Mauern begrenzt, sie trennen einen privaten Vorplatz ab.

Mit der Errichtung dieses Hauses begann für die Bauherrschaft, nachdem ihre erwachsenen Kinder nicht mehr zum Haushalt gehören, ein neuer Lebensabschnitt. Darauf reagieren die Grundrisse, die sich in den beiden oberen Geschossen jeweils um einen Wohnraum entwickeln, in dessen Rücken L-förmig die notwendigen Funktionsräume angeordnet sind.

Diese Zonierung wird durch zwei Treppenläufe, die im Erdgeschoss rechtwinklig zusammentreffen, noch betont. Trennende Flure sind nicht nötig. Die untere Stiege führt längs der Nordseite vom Untergeschoss mit Keller und Doppelgarage ins Erdgeschoss. Hier liegen Küche, Essplatz und ein Wohnraum, der sich zu einer Gartenterrasse öffnet, im Hintergrund Bad und Sauna.

Links: Die Räson des Bebauungsplans legte Kubatur und Lage des Hauses fest; die städtische Umgebung verlangte ein industriell errichtetes Holzhaus ohne folkloristische Ornamente.

Der Essplatz liegt im Zentrum des Hauses. Hier kreuzen sich alle Wege.

Auch die Gartenmauern, der offene Vorplatz und die Terrassierung des Geländes waren vorgegeben.

Von der oberen Lounge hat man das Rheintal im Blick.

Die quer laufende Stiege zum Obergeschoss erschließt die beiden Schlafräume mit einem zweiten Bad. Verbunden sind die Zimmer durch einen weiteren offenen Wohnraum, dem sich nach Westen eine Loggia anschließt.

Die unterschiedlich ausgerichteten, sowohl Privatheit als auch attraktive Ausblicke gewährenden Öffnungen werden als dramatisches Fassadenbild gezeigt.

Dem Wunsch der Bauherrschaft nach einem ökologisch vernünftigen Holzhaus musste in städtischer Umgebung mit einer klaren, abstrakten Gestaltung entsprochen werden. Die massive, kantige Holzkonstruktion wird durch eine Fassade aus einer vertikalen, Wasser abführenden Lattung abgeschlossen. Sie ist leicht lasiert, um die Vergrauung durch die unterschiedliche Bewitterung zu mildern. Die geschosshohen Wandscheiben aus Brettsperrholz wurden vorgefertigt zur Baustelle geliefert, so dass nach zwei Tagen der Rohbau montiert war.

Die Holzkonstruktion sorgt für ein ausgeglichenes Raumklima, sie erfüllt den Schweizer Minergie-Eco-Standard. Geheizt wird mit einer Wärmepumpe, außerdem steht im unteren Wohnraum ein Holzofen.

Die beiden Wohnräume orientieren sich in verschiedene Richtungen, um alle imposanten Aussichten auszuschöpfen.

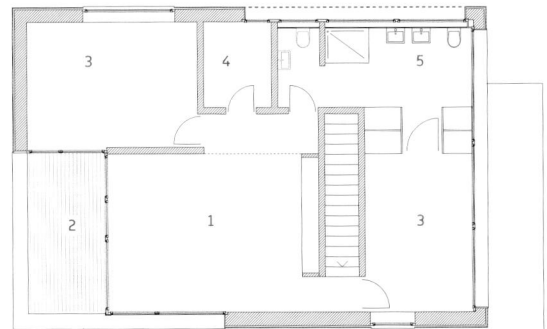

GRUNDRISS
OBERGESCHOSS
M 1:200

1 LOUNGE
2 TERRASSE
3 ZIMMER
4 ABSTELLRAUM
5 BAD

Im Ruheraum an der Südostecke lässt sich zwischen Sauna- und Poolbenutzung entspannen.

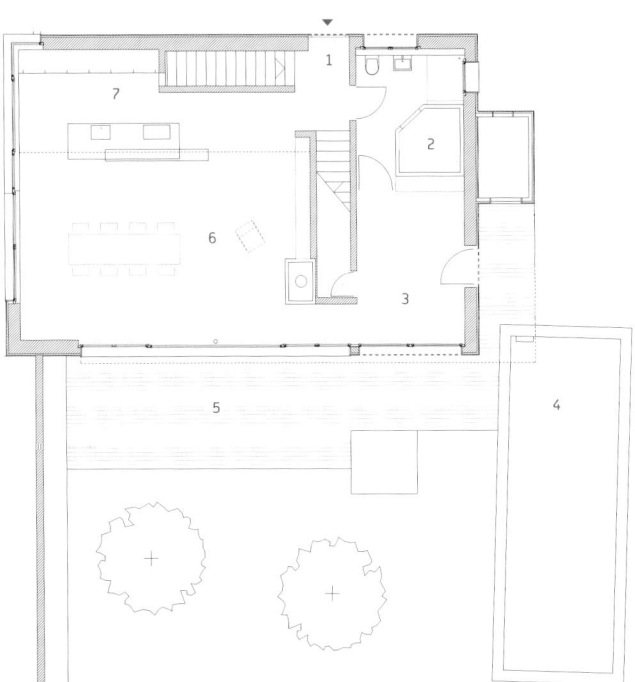

GRUNDRISS
ERDGESCHOSS
M 1:200

1 ZUGANG
2 SAUNA
3 RUHERAUM
4 SCHWIMMBECKEN
5 TERRASSE
6 WOHNEN/ESSEN
7 KOCHEN

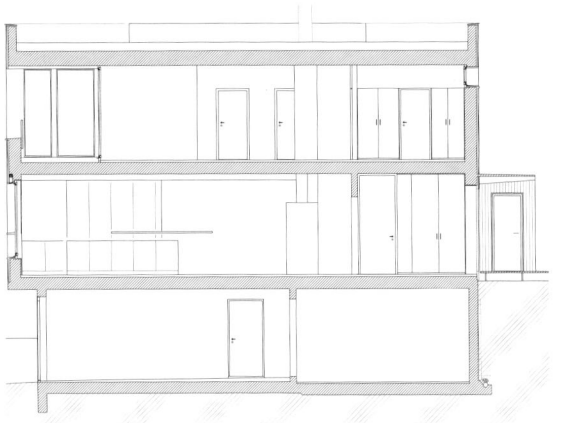

LÄNGSSCHNITT
M 1:200

Robert Albertin, CH-Haldenstein

Grundstücksgröße:	476 m²
Überbaute Fläche:	114 m²
Wohnfläche:	190 m²
Nutzfläche:	80 m²
Bruttorauminhalt:	1.000 m³
Anzahl der Bewohner:	2
Baubeginn:	2009
Fertigstellung:	Ende 2009

Bauweise, -konstruktion, -materialien:
Tragwerk: KLH Massivholzdreischichtplatte;
Fassade: Lärchenschalung lasiert;
Wandkonstruktion/Trennwandsysteme:
KLH-Dreischichtplatte und Gipsleichtbauwände

Baukosten gesamt:	1,1 Mio. €
Baukosten je m² Wohn- und Nutzfläche:	ca. 4.000 €
Primärenergiebedarf:	38 kWh/m²·a

BETON-HOLZHAUS IN VITZNAU

Lischer Partner Architekten Planer AG | CH – Luzern

Man vermutet auf den ersten Blick: Dieses Haus kann nur in der Schweiz stehen. Die – hier mit dem steilen Felshang korrespondierende – kantige Betonkubatur gehört zur zeitgenössischen Handschrift der Schweizer Architekten. Tatsächlich verbirgt sich hinter der schützenden, massiven Schale als „weicher Kern" ein Holzhaus. Dies war der Wunsch der Bauherrschaft, die in ihren Ferien in einem Holzhaus wohnen wollte.

Die Holzkonstruktion aus verleimten Lärche-Dreischichtplatten mit dazwischenliegender Dämmung wurde als Erstes errichtet. Sie ist nach außen zusätzlich mit 120 Millimeter Hartschaum gedämmt. Gegen diese Innenhülle wurde eine 25 Zentimeter dicke Betonwand betoniert. Um der glatten Oberfläche eine körnigere, steinartige Struktur zu geben, wurde sie mit einem Wasserstrahl gejettet. Sie entspricht damit dem rötlichen Sandstein, der hinter dem Haus in die Höhe ragt. Die innere Holzkonstruktion als Haus im Haus konnte dabei unabhängig optimiert werden, da sie statisch keine Schubkräfte aufnehmen muss. Nur an Öffnungen und Einschnitten wird das Holz wie ein wertvolles Kontrastfutter von außen sichtbar. Die massiv gerahmten festverglasten Fenster betonen die Aussicht auf die Landschaft des Vierwaldstätter Sees.

Links: Wie eine moderne Burg lagert das Beton-Holzhaus unterhalb der Felsen; seine äußere Hülle setzt den grauen Stein der Umgebung fort.

Die eingeschnittenen Loggien erzeugen atmosphärisch dichte Raumfolgen.

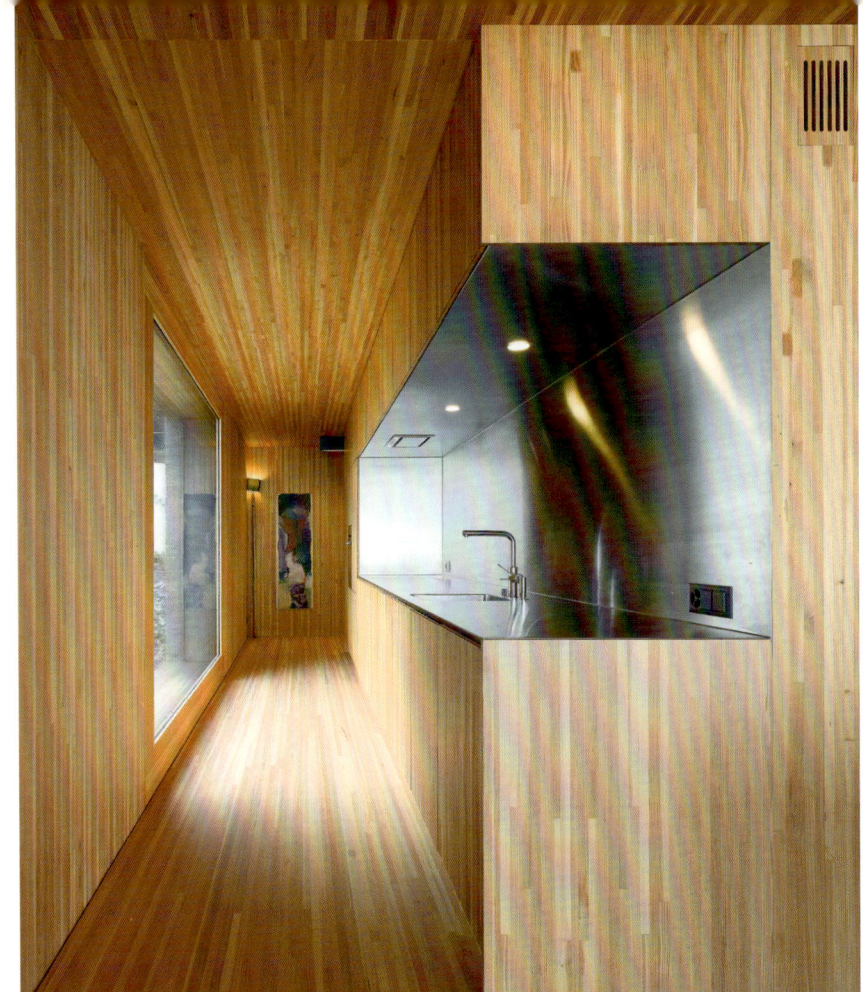

Statt trennender Türen und Flure stehen in jedem Raum gliedernde Elemente, die die Funktionen definieren. Links die Küchenzeile und rechts der Kamin im Wohnraum.

Der eindeutige Baukörper steht verlässlich auf dem Hang. Über eine Brücke erreicht man einen eingeschnittenen hofartigen Zugang im Obergeschoss. Hier befinden sich die gemeinschaftlich genutzten Flächen, also Küche, Essplatz und – durch eine in die Tiefe reichende Loggia ein wenig separiert – der Wohnraum. Er ist mit einem Einbau für Kamin und Medienschrank ausgestattet. Zwei versetzte Treppenläufe führen zu den zwei darunter liegenden Ebenen mit den Schlafzimmern. Jedes ist mit einem eingestellten Block aus Dusche, Waschbecken und Kleiderschrank ergänzt, was an die Typologie von Pensionszimmern erinnert – also eine Art privates Ferienhotel, was den Unterschied zum alltäglichen Wohnen spüren lässt.

Warmtoniges Lärchenholz bestimmt die Räume; auf den Treppen begeht man quasi eine Raumskulptur.

Rechts: Öffnungen in jedem Geschoss, als Panoramafenster oder geschützter Austritt, verbinden den Innenraum mit der aussichtsreichen Landschaft.

35

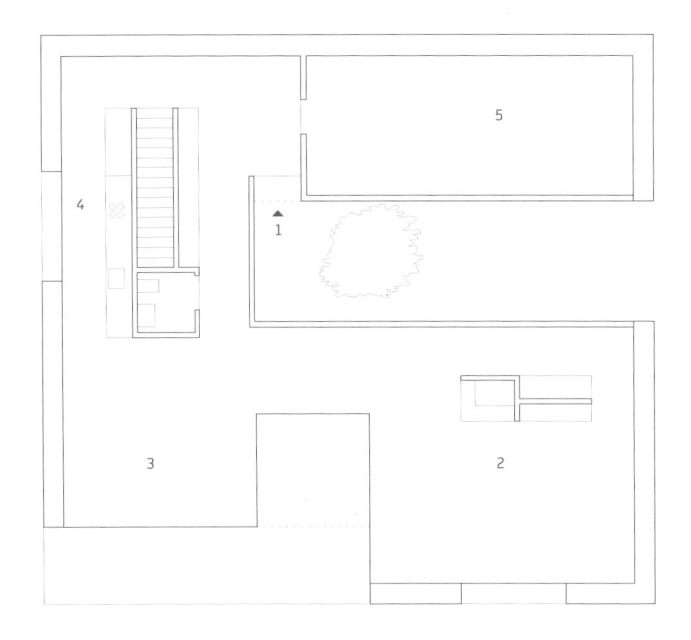

Ein hofartiger Einschnitt empfängt die Bewohner auf der oberen Etage, zu der eine Brücke führt.

GRUNDRISS
2. OBERGESCHOSS
M 1:200

1 ZUGANG
2 WOHNEN
3 ESSEN
4 KOCHEN
5 GARAGE

Lischer Partner Architekten Planer AG, CH-Luzern
Grundstücksgröße: 650 m²
Überbaute Fläche: 250 m²
Wohnfläche: 310 m²
Nutzfläche: 270 m²
Bruttorauminhalt: 1.550 m³
Baubeginn: 2010
Fertigstellung: 2011

Bauweise, -konstruktion, -materialien:
Massiver Baukörper, dessen Betonfassade den weichen Kern des Holzhauses umhüllt und schützt. Zuerst wurde der vorfabrizierte Holzbau aus Kastenelementen aufgerichtet, am Bau abgedichtet und überdämmt, danach die Betonfassade einschalig angebracht. Betonfassade: Wesenkies; Boden, Wand, Decke: Blockholzplatten in Lärche ausgeführt.

Baukosten gesamt: 2,2 Mio. CHF
Baukosten je m²:
Wohnfläche: 7.096 CHF
Nutzfläche: 8.148 CHF
Heizenergiebedarf
(ohne Brauchwarmwasser): 42 kWh/m²·a
Wärmeenergiebedarf BWW: 14 kWh/m²·a
Primärenergiebedarf Heizung: 12 kWh/m²·a

GRUNDRISS
1. OBERGESCHOSS
M 1:200

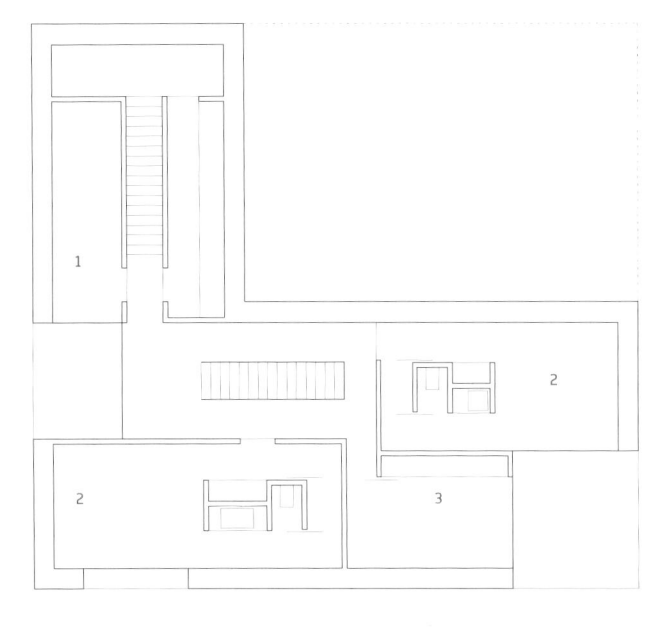

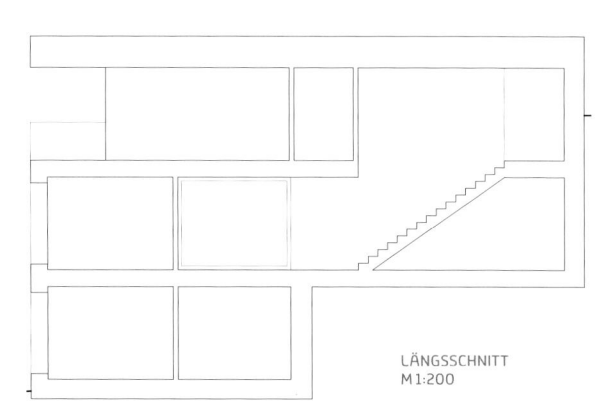

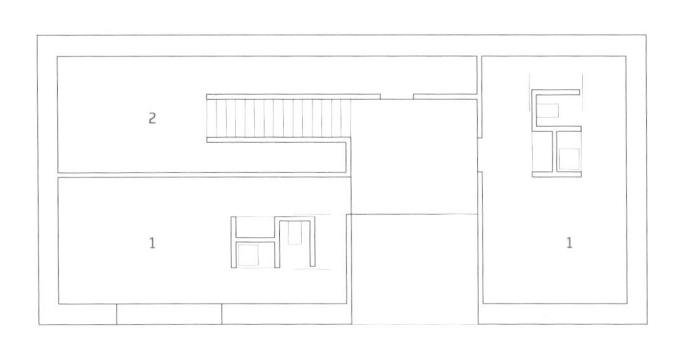

1 SAUNA
2 ZIMMER
3 BIBLIOTHEK

LÄNGSSCHNITT
M 1:200

GRUNDRISS
ERDGESCHOSS
M 1:200

1 ZIMMER
2 TECHNIK

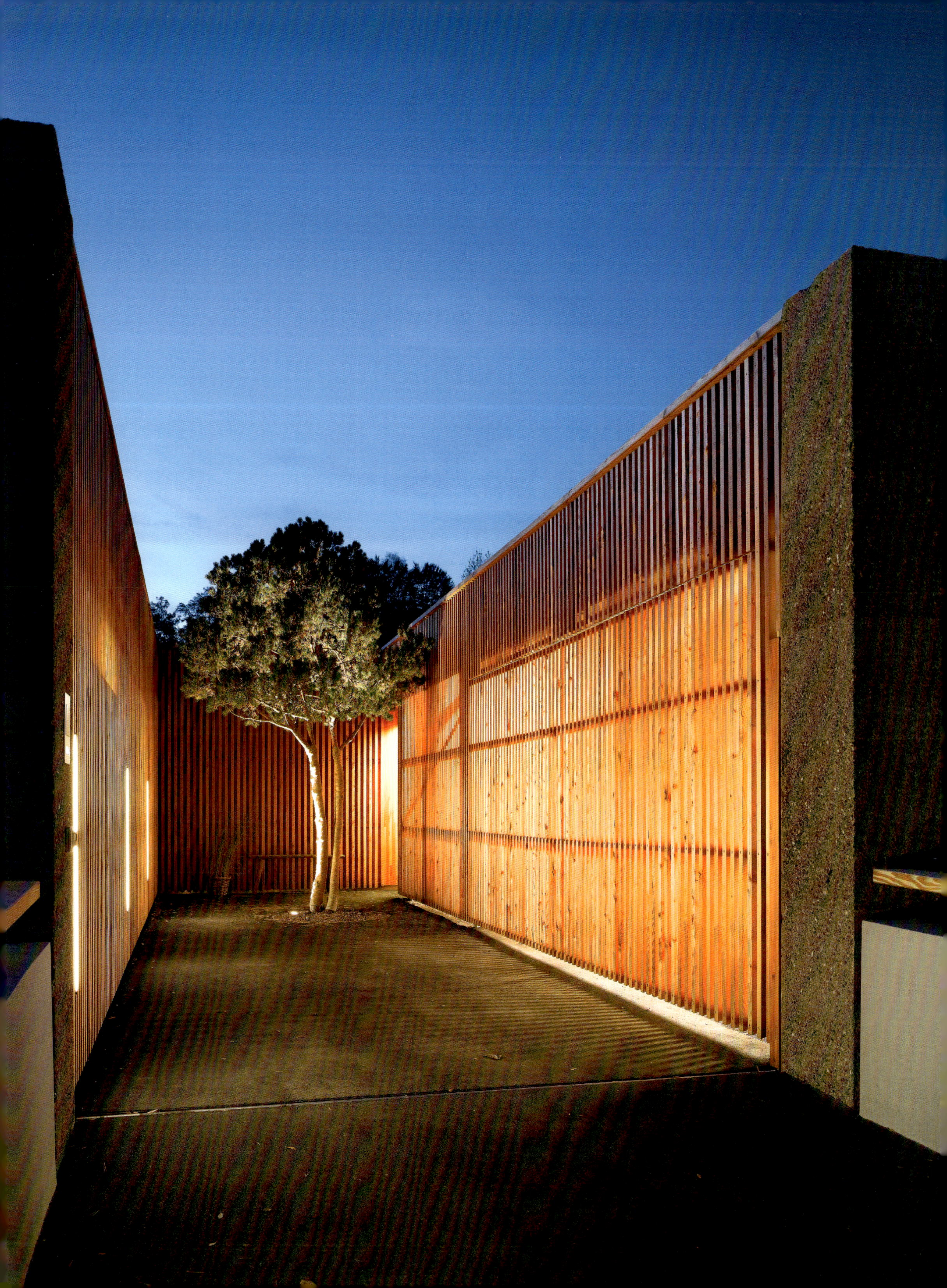

38

ÖKOLOGISCHE SANIERUNG EINES HAUSES IN EGG

Georg Bechter | A – Langenegg

Ein Lehrbeispiel für umweltbewusstes Bauen, das dieses Attribut auch verdient. Unter der neuen Hülle verbirgt sich das massiv gemauerte Erdgeschoss eines kleinen Hauses aus den späten Sechzigerjahren. Die Verpflichtung, in Lebenszyklen zu denken, zeigt sich zum Beispiel darin, dass selbst die Dachziegel des alten Hauses wiederverwendet wurden. Und wenn man in die vage Zukunft schaut, dann ist jedenfalls gewiss, dass beim späteren Abbruch kein Bauschutt übrig bleiben wird, sondern alle Materialien in einen natürlichen Kreislauf zurückgeführt werden können.

Der Architekt vergleicht die Sanierung und Erweiterung des Hauses mit dem Städtebau: Auch dabei geht es um ein identitätsstiftendes Ganzes, das im Laufe der Zeit aus Alt und Neu zusammenwächst.

Zu den auffallenden Veränderungen des Hauses in Egg zählt, dass das um ein halbes Geschoss angehobene Dach um 90° in die Richtung der umliegenden Bebauung gedreht wurde. Als neue Außenhaut erhielt es eine ortstypische Schalung aus Schindeln.

Besonderes Augenmerk wurde auf die thermische Sanierung gelegt. Vor- und Rücksprünge wurden begradigt, überstehende Dachränder gekappt. Der mit einem Holzständertragwerk aufgestockte, kompakte Baukörper wurde komplett gedämmt und auf Niedrigenergiestandard gebracht. Die Mauerdicke

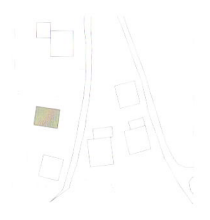

Links: Die Fenster wirken wie Lichttrichter. Ihre Anordnung orientiert sich nicht an traditionellen Vorbildern, eher an einem abstrakten Spiel mit Flächen.

Unübersehbar: Das sanierte und erweiterte Haus ist mit einer dicken Fassadendämmung versehen.

Als Kontrast zu der hölzernen Umgebung wurde der Boden mit einem Gussasphaltestrich versehen. Neben dem Durchgang zum Arbeitszimmer der moderne Kachelofen, die große Wandstärke erlaubte hie und da Fächeraussparungen.

des Altbaus betrug 36,5 Zentimeter. Mit der neuen Dämmung wurde sie auf 80 Zentimeter verstärkt. Als Isoliermaterial dient Stroh, der einzige Dämmstoff, der nicht chemisch behandelt werden muss. Die Ballen wurden direkt in die Holzgefache der Konstruktion eingebracht.

Diese stattlichen Außenwände geben dem Haus eine plastische Gestalt. Seine konisch zulaufenden Laibungen wirken als Lichttrichter für den Innenraum, der komplett mit 3 Zentimeter dicken Brettern aus dem Wald der Bauherrschaft ausgeschlagen ist. In Verbindung mit den Lehmwänden der Schlafräume ergibt sich ein natürliches, feuchteregulierendes Raumklima.

Durch die dicke Hülle wird nur ein Minimum an Energie benötigt. Eine Lüftungsanlage sorgt für Wärmerückgewinnung, den restlichen Bedarf deckt ein Kachelofen im Wohnraum. Trotz der überschaubaren Dimensionen sind alle Räume als Kontinuum in Beziehung gesetzt. Sie öffnen sich, verschränken sich, verbinden die Geschosse und erhalten doch durch unterschiedliche Geometrien ihre Eigenständigkeit.

Georg Bechter, A-Langenegg
Grundstücksgröße: 874 m²
Überbaute Fläche: 137,4 m²
Wohnfläche: 169,5 m²
Nutzfläche: 169,5 m²
Bruttorauminhalt: 986,7 m³
Anzahl der Bewohner: 4
Baubeginn: 2009
Fertigstellung: 2011

Bauweise, -konstruktion, -materialien:
Altbau Ziegelmauerwerk, Neubau Holzständer; Tragwerk: EG Bestand, OG Holzständer-Konstruktion; Fassade: Schindeln 2,5-fach Deckung; Massivholzdecke Neubau; Strohdämmung 380 mm

Baukosten gesamt (KG 300 + 400 HOAI): 360.000 €
Baukosten je m² Wohn- und Nutzfläche: 2.123,90 €
Heizenergiebedarf: 14,8 kWh/m²·a

Die Innenwände sind mit 3 Zentimeter dicken Weißtannenbrettern ausgeschlagen, die Küchenschränke aus massiver Ulme setzen die Vertäfelung fort.

LÄNGSSCHNITT
M 1:200

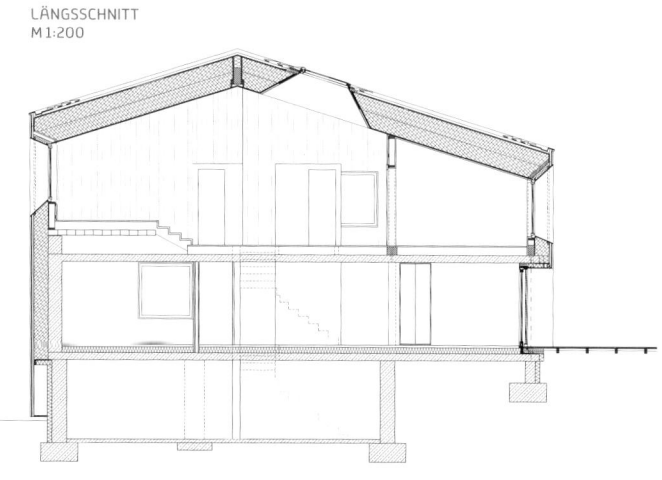

GRUNDRISS
OBERGESCHOSS
M 1:200

1 SCHLAFEN
2 BIBLIOTHEK
3 LUFTRAUM
4 KIND
5 BAD

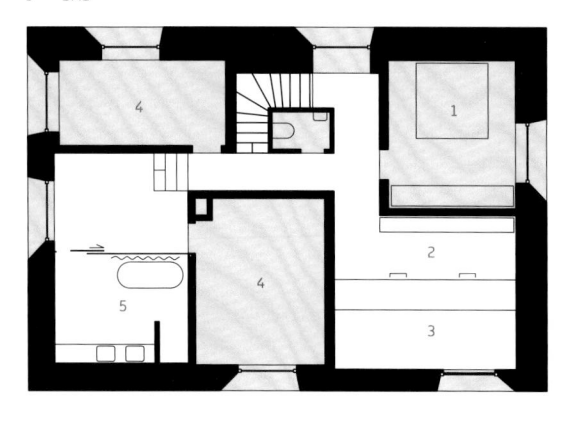

GRUNDRISS
ERDGESCHOSS
M 1:200

1 ZUGANG
2 WOHNEN
3 ARBEITEN
4 KOCHEN
5 ESSEN

41

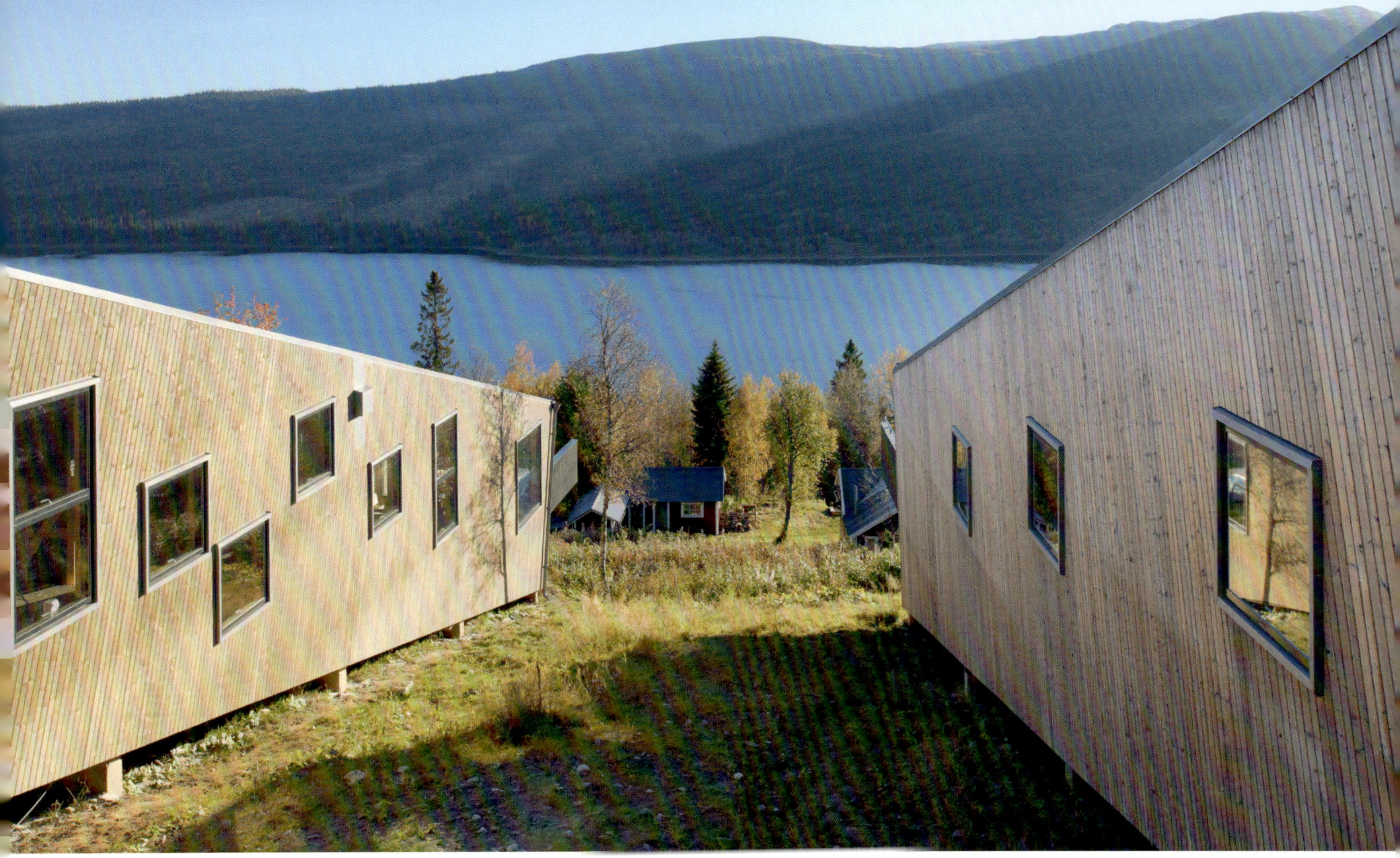

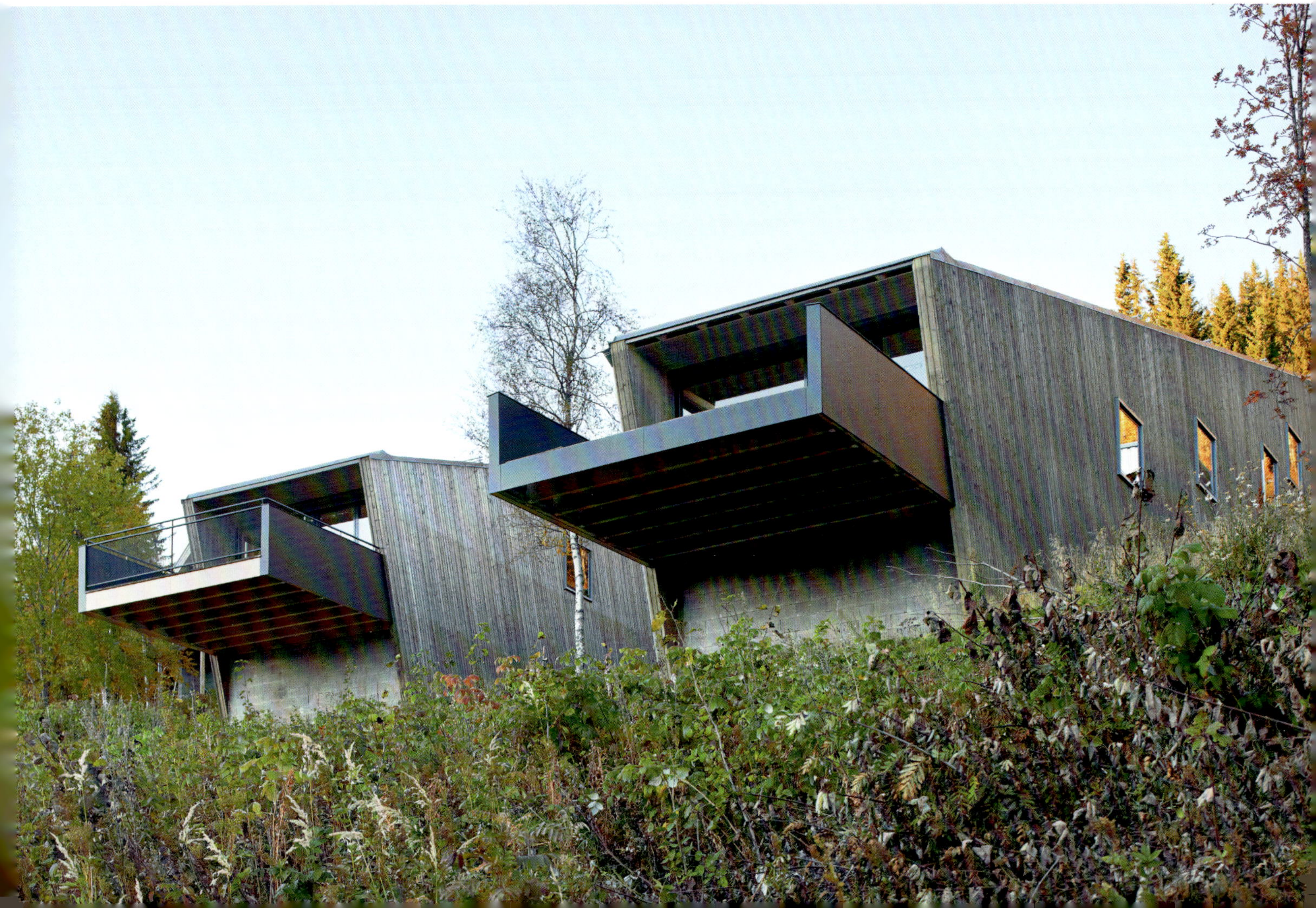

DREI FERIENHÄUSER IN ÅRE/BJÖRNÄNGE

Waldemarson Berglund Arkitekter AB | SE – Stockholm

Besser kann man die Geländetopografie aus einem Innenraum nicht erleben. Zuerst scheinen die drei am Åreskutan-Berg in Nordschweden klemmenden schmalen Hauskisten wie zufällig verteilt zu sein. Klar, mit fantastischer Aussicht, wie es sich der Urlauber wünscht. Tatsächlich sind sie mit großem Kalkül angeordnet. Sie greifen aber nicht in den Hang ein, sondern liegen darauf wie abfahrtsbereite Skier auf der Piste. Dass es sich um keinen Zufall handelt, zeigen die Fenster: Sie perforieren die Holzfassade unabhängig von deren gekippter Position als senkrechte Öffnungen – wie Bilder in Petersburger Hängung.

Die Genehmigung verlangte, die Baumasse in drei Drittel zu zerlegen, als drei einzelne Häuser auf mindestens 800 Quadratmeter Grund bei einer Überbauung von 120 Quadratmetern. Der Abstand zu den Nachbarn war auf 4,50 Meter festgelegt, die Gebäudehöhe auf 5,20 Meter.

Die Fenster verraten es: Hier wurden keine Wohncontainer falsch abgestellt; die drei Häuser sind maßgenau für diesen Hang entwickelt.

Petersburger Hängung – oder für jeden ein Fenster in Augenhöhe, auch für die Kinder.

Rechts: Der Weg ist das Ziel. Im Urlaub lässt sich neues Wohnen erproben. Jede Funktion hat eine andere Höhe.

Üblicherweise hätte man unter diesen Bedingungen ein Haus errichtet, das zur Hälfte im Berg verschwindet und sich mit Satteldach und mächtigem Giebel zum Tal wendet – aber nur eine vollwertig nutzbare Ebene bietet, weil das untere Geschoss zur Hälfte fensterlos in den Hang gegraben ist.

Die Lösung hier bietet den Bewohnern dagegen eine unerreichte Funktionalität und gleichzeitig ein ungewöhnliches Wohnerlebnis für ihre Urlaubstage. Eine lange Stiege verbindet die über fünf Ebenen gestaffelten Räume. Man kann diesen Treppenkatarakt mit 31 Stufen vom Eingang bis zum gegenüberliegenden Ende überblicken. Die oberen Ebenen bergen nach der Diele zwei Schlafräume, Bad und Sauna, die tiefer liegenden Bereiche Küche und Wohnraum, der sich mit einer dramatisch auskragenden Terrasse nach Süden öffnet.

Die drei Gebäude sind vollständig als Holzkonstruktion in Rahmenbauweise errichtet. Aufgrund der überschaubaren Größe ließen sich Standardelemente verwenden. Die Bodenplatten aus Brettsperrholz liegen auf gemauerten Streifenfundamenten, die im gleichen Rhythmus im Berg Halt finden. Die Fassaden sind mit Holzbrettern verkleidet, die wie bei einer Kiste senkrecht zu den (schrägen) Kanten verlaufen. Sie werden mit der Zeit grau werden. Die Holzfenster und -türen liegen in lackierten Stahlrahmen, das Dach ist mit Wellblech gedeckt.

Rechts: Endlich diese Übersicht! Vom Esstisch kann man in den gemütlichen Wohnraum blicken.

45

Auf dem Boden liegen massive Eichendielen, Decken und Wände sind mit weißen Gipskartontafeln verkleidet.

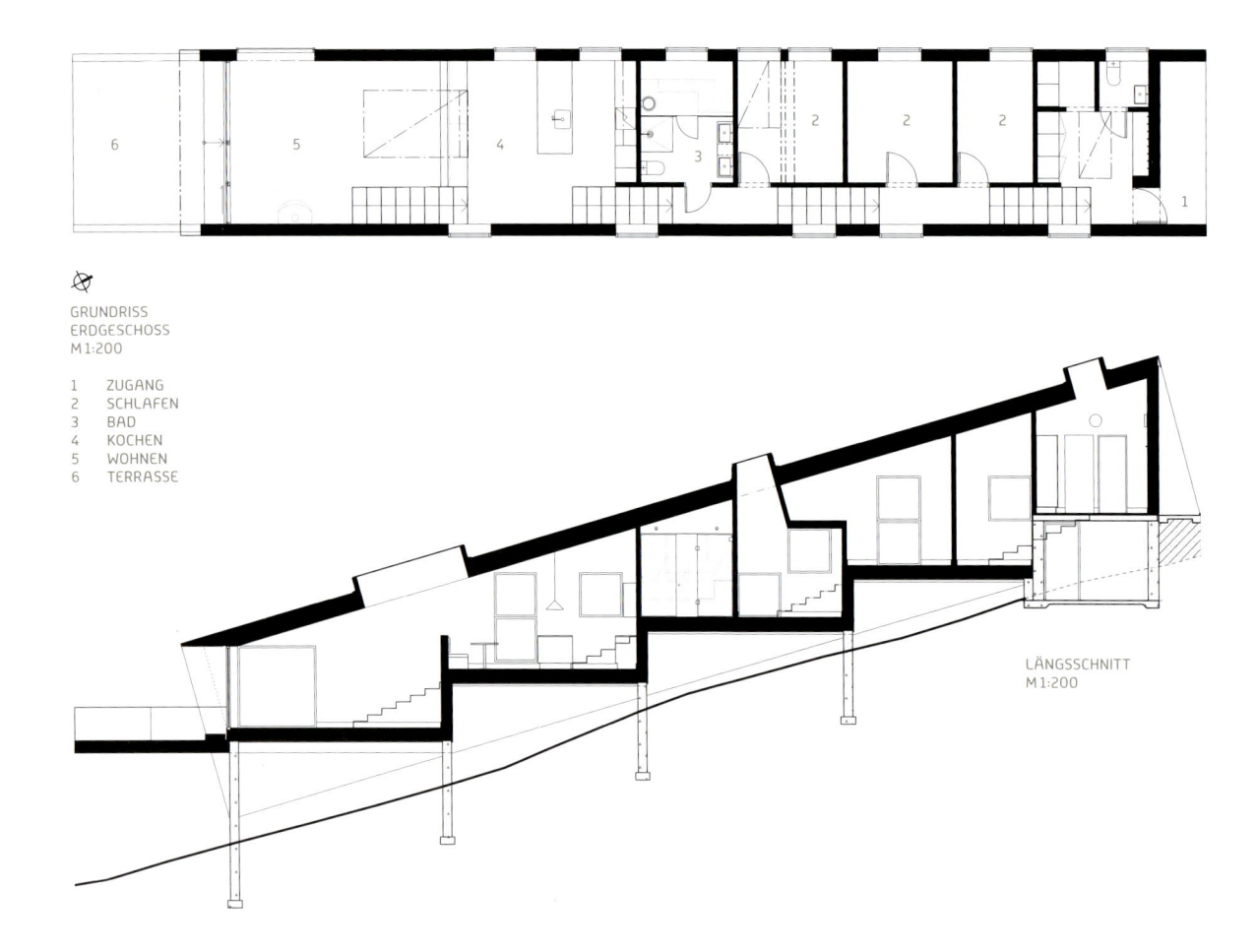

GRUNDRISS
ERDGESCHOSS
M 1:200

1 ZUGANG
2 SCHLAFEN
3 BAD
4 KOCHEN
5 WOHNEN
6 TERRASSE

LÄNGSSCHNITT
M 1:200

Daher rührt die Idee: Wie Hänge den Skifahrer herausfordern, suchte auch der Architekt nach einer sportlichen Lösung, ohne den natürlichen Hang zu stören.

....

Waldemarson Berglund Arkitekter AB, SE-Stockholm
Grundstücksgröße:	808,9 + 802,9 + 820,1 m²
Überbaute Fläche:	je 130 m²
Wohnfläche:	je 112 m²
Bruttorauminhalt:	355 m³
Anzahl der Bewohner:	bis zu 8
Baubeginn:	2006
Fertigstellung:	2012/2013

....

47

Die lineare Anordnung über dem Berghang beschert allen Zimmern ein Fenster. Und schließlich einen aussichtreichen Freisitz mit Blick zum Fluss und in die Berge.

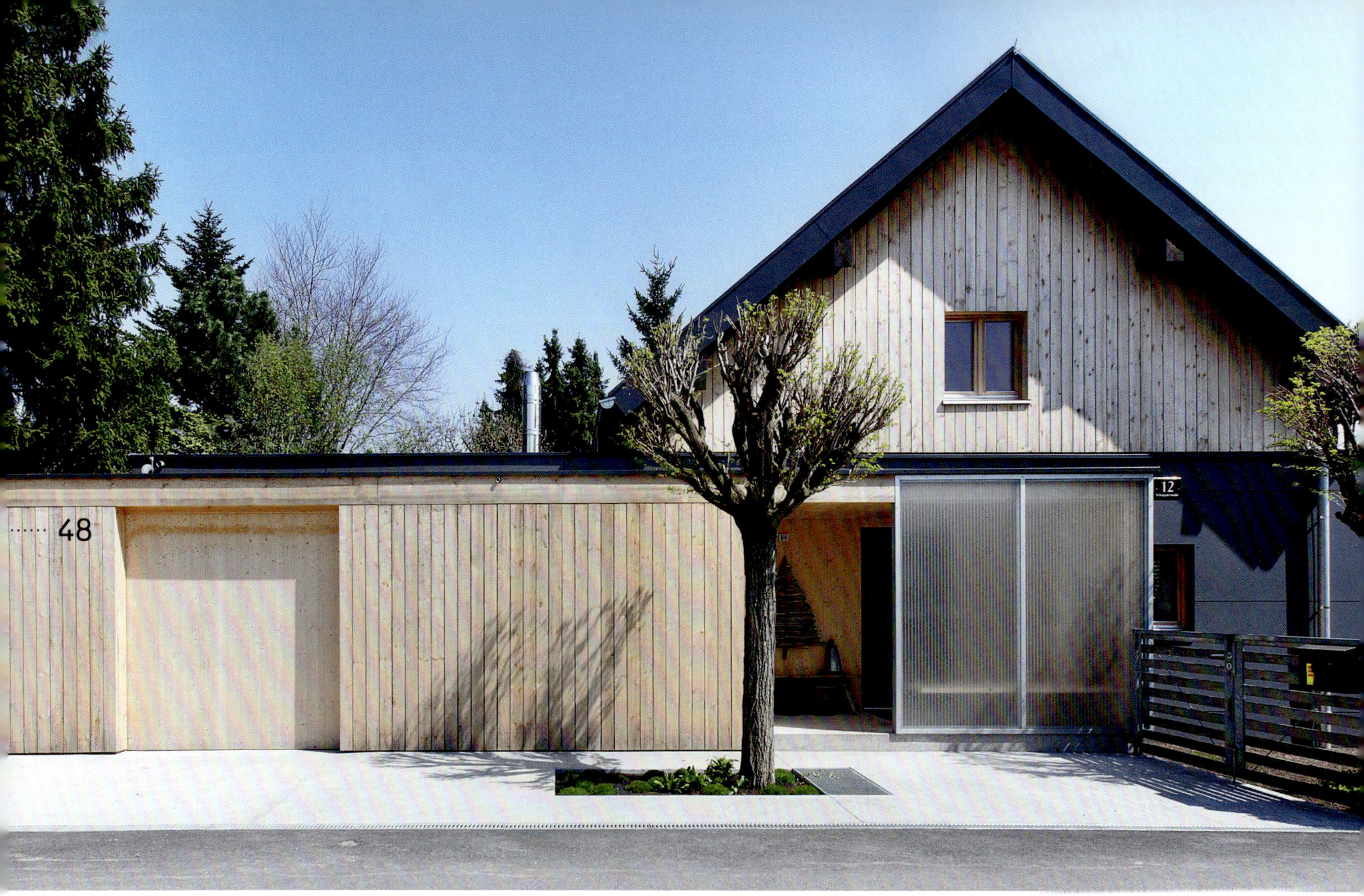
48
12

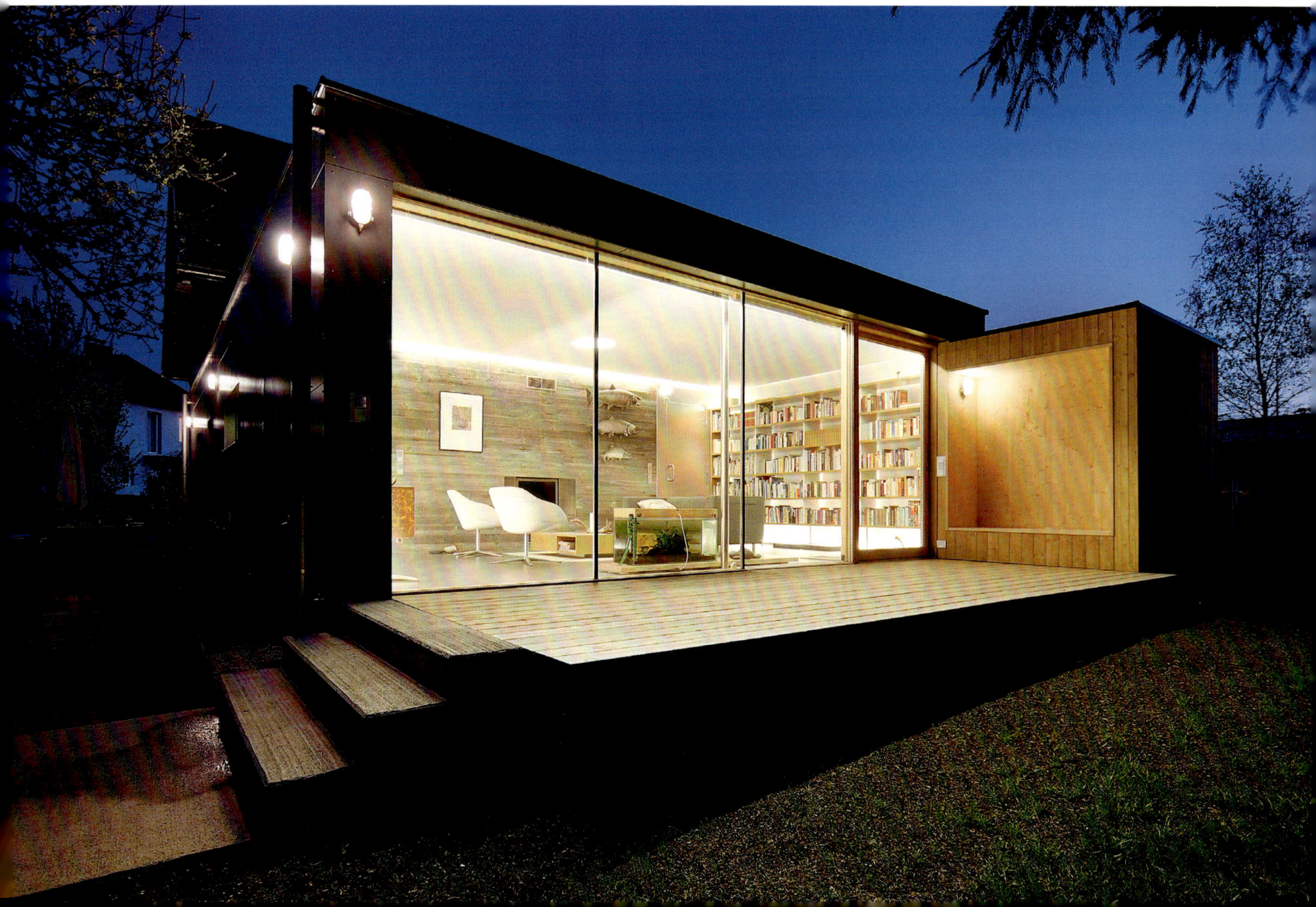

EIN „HAUS IM HAUS" IN GMUNDEN

arge.ateliers | A – Gmunden

Die Jury des oberösterreichischen Holzbaupreises hatte die gesellschaftspolitische Dimension dieser Arbeit richtig erkannt: Statt zur weiteren Zersiedelung und Ressourcenverschwendung beizutragen, hat der Architekt sich dieses schlichte, sehr kleine Siedler-Holzhaus eines Flickschusters zu einem zeitgemäßen Einfamilienhaus ausgebaut. Zurückhaltend, weder mit provozierenden Architektenallüren noch mit romantischen Retromotiven ist die Bauaufgabe inhaltlich und nicht formal bemerkenswert.

Die Wohnfläche hat sich bei dem Umbau des hundertjährigen Häuschens verdoppelt, Eltern und Kinder haben nun jeweils ein Geschoss für sich. Die collagenartige Erweiterung mit flachgedeckten, pavillonartigen Anbauten führt zu einer dialogischen Verbindung mit dem Außenraum, einer gewachsenen Parkanlage mit wertvollen Bäumen.

Bauphysikalisch wurde ein Niedrigenergiestandard erreicht, beheizt wird das Haus mit einer aus einer Tiefenbohrung versorgten Wärmepumpe (sowohl für die Fußbodenheizung als auch für die Radiatoren), das Brauchwasser wird über Sonnenkollektoren erwärmt, und die überschüssige Energie temperiert das Schwimmbecken.

Der Weiterbau des Holzhauses verbindet hundertjährige Zimmermannskunst mit industrieller Holzbautechnik. Die alten Tannenholzstaffeln mit Schwalbenschwanzverbindungen wurden freigelegt und bleiben innen sichtbar, die ergän-

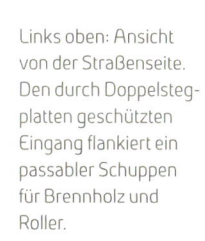

Links oben: Ansicht von der Straßenseite. Den durch Doppelstegplatten geschützten Eingang flankiert ein passabler Schuppen für Brennholz und Roller.

Links unten: Der Wohnraum als eigener Baukörper reicht bis unter die alten Bäume. Die erhöhte Terrasse endet mit einer strandkorbartigen Sitznische.

Die Neuorganisation der Räume nach dem Umbau ergab verschiedene Wege durch das Haus, auch der Kaminplatz hat zwei Zugänge.

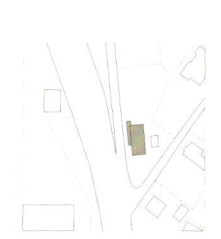

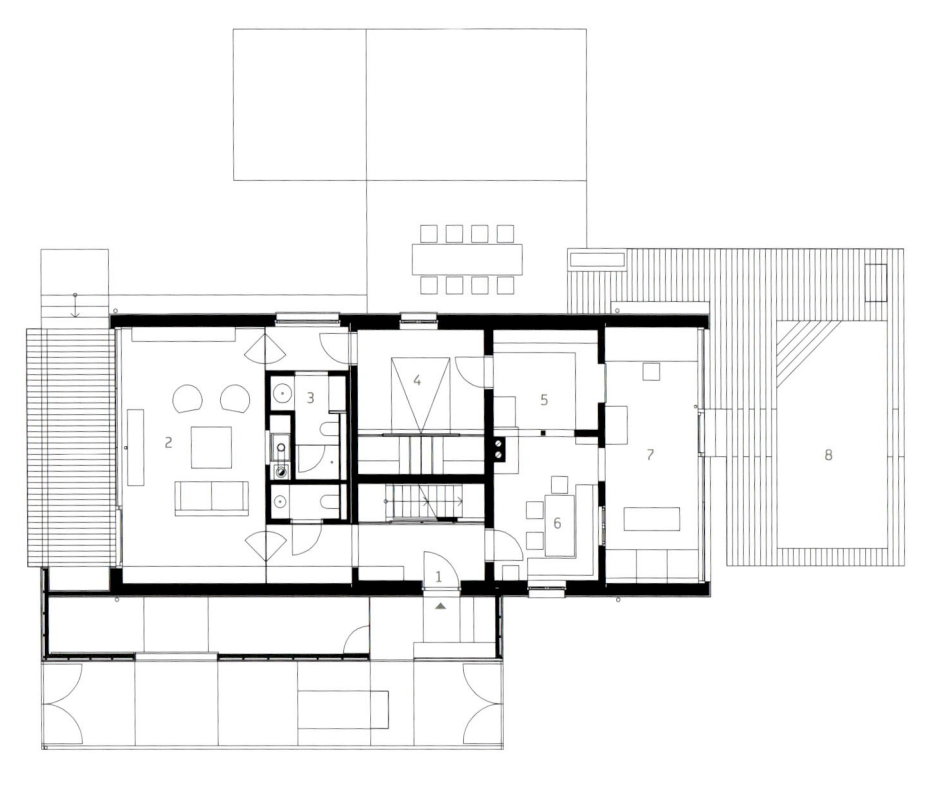

GRUNDRISS
ERDGESCHOSS
M 1:200

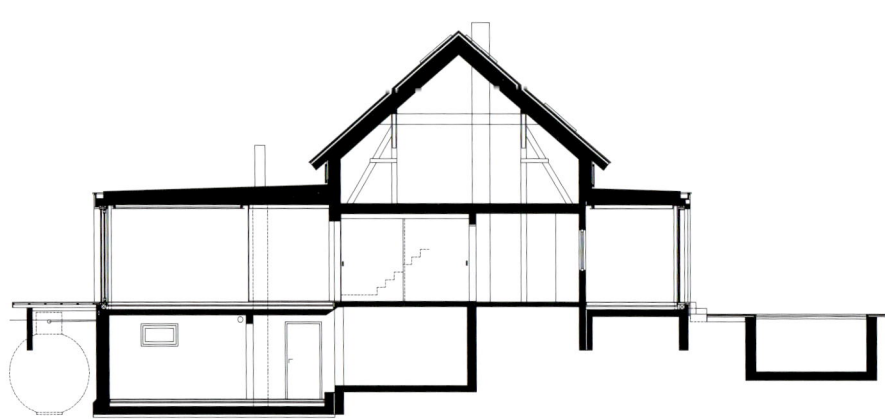

1 ZUGANG
2 WOHNEN
3 BAD
4 SCHLAFEN
5 KOCHEN
6 ESSEN
7 WOHNEN/ARBEITEN
8 POOL

LÄNGSSCHNITT
M 1:200

Nach Süden schließt an die alte Blockhaus-Außenwand (links) eine Art Wintergarten als Arbeitsraum an; die Glasfronten öffnen sich zum Schwimmbad (rechts).

zenden Wände sind aus Brettsperrholzelementen errichtet. Dieses Prinzip ist außen ablesbar: der Altbauteil unter dem Satteldach ist vertikal mit sägerauen Brettern verkleidet, die großflächigen grauen Phenolharztafeln am Neubau sind horizontal ausgerichtet.

Den Eingang markiert ein Holzlager mit Abstellplatz für Motorroller. Das ursprüngliche Häuschen ist in der Kubatur noch erkennbar, innenräumlich bildet es das Kernhaus mit Diele, Treppe, Küche, Essplatz und Elternschlafzimmer. Dort sind hinter dem Kopfende Schrankfächer verborgen. Der Sanitärblock gehört schon zum Neubau, er nimmt auch den Kamin des Wohnraums auf. Ungewöhnlich, aber sehr funktional ist die Raumfolge im Erdgeschoss, die einen Rundweg durch alle Räume erlaubt. Die Kinder haben ihr eigenes Reich unter der Dachschräge.

arge.ateliers, I-Mailand

Grundstücksgröße:	1.352 m²
Überbaute Fläche:	145 m²
Wohnfläche:	150 m²
Nutzfläche:	195 m²
Bruttorauminhalt:	610 m³
Anzahl der Bewohner:	3
Baubeginn:	2010
Fertigstellung:	2011

Bauweise, -konstruktion, -materialien:
Tragwerk: BSH-Platten (Brettschichtholzkonstruktion), Fassade: Holzschalung / Phenolharzplatte Tanne sägerau, Holzfenster Lärche geölt, Dach, Decken, Boden, Wände: BSH-Platten (Brettschichtholzkonstruktion)

Baukosten gesamt (KG 300 + 400 HOAI):	285.000 €
Baukosten je m² Wohn- und Nutzfläche:	1.900 € / 1.462 €
Primärenergiebedarf:	42,54 kWh/m²·a
Heizenergiebedarf:	20,58 kWh/m²·a

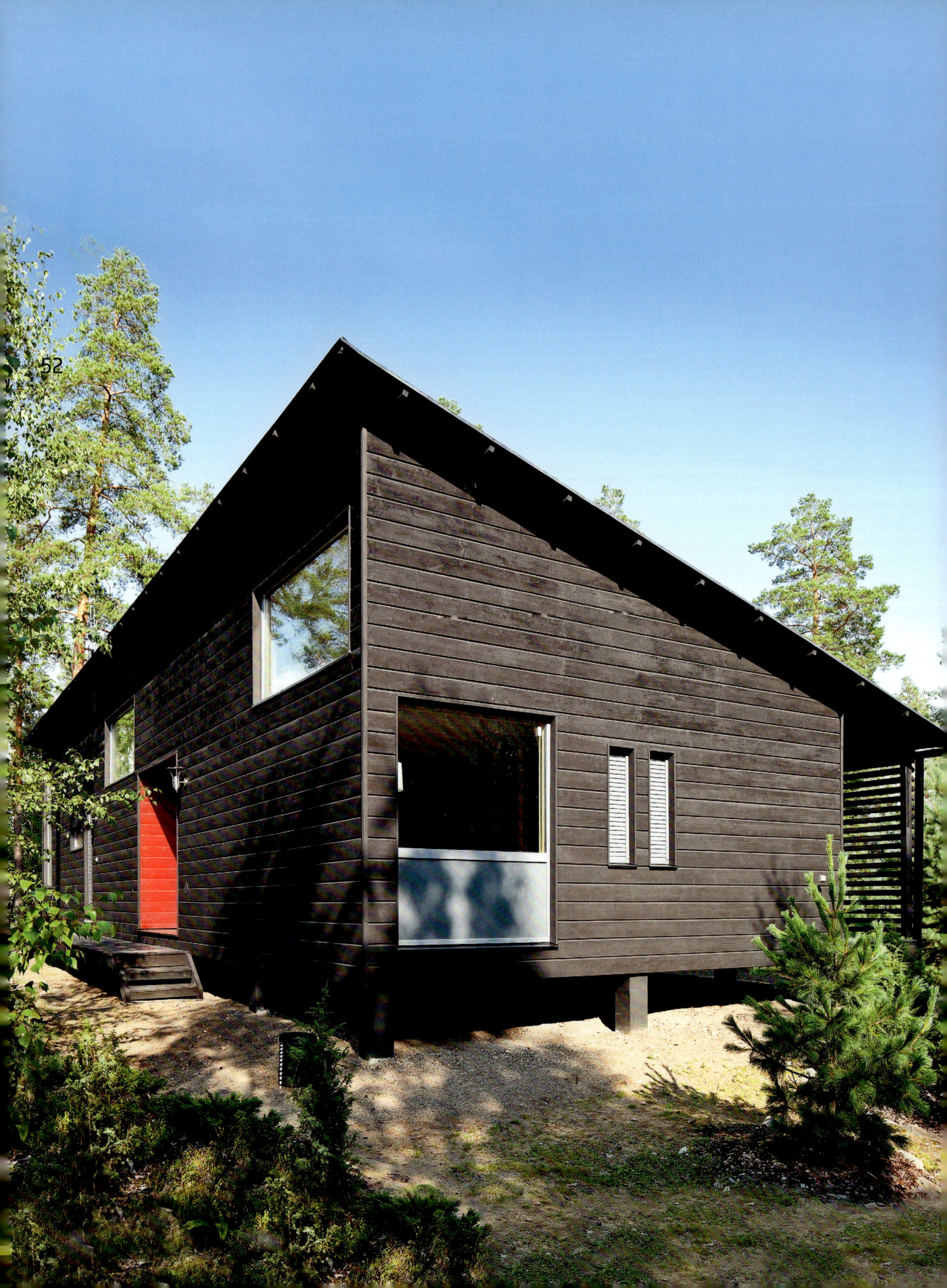

HAUS „SCHWARZSPECHT" IN RANTASALMI

Kimmo Friman | FL – Helsinki

Man findet das Haus im mittleren Osten Finnlands kaum auf dem Atlas. Zu leicht landet man immer in den blauen Flecken, die die Gewässer der endlosen Seenplatte darstellen. Und dieses Ferienhaus im Nationalpark des Saimaa-Sees liegt tatsächlich unweit des Strands. Es scheint über dem Gelände zu schweben, elegant, leicht und aufgrund seines schwarzen Anstrichs noch zierlicher wirkend. Von Weitem verschwindet es in der Landschaft, wozu die Farbgebung beiträgt: Holzteer mit zusätzlichen schwarzen Pigmenten. Die beiden Schenkel des L-förmigen Hauses sind mit Pultdächern gedeckt, die einmal nach innen, einmal nach außen geneigt sind. Mit den Fenstern ist das Gebäude über den grünen Hof nach Süden und Westen ausgerichtet, ein teils verglaster, teils mit Latten geschützter Umgang verbindet die beiden Seiten.

Es steht auf einem kleinen Buckel, das nach Nordosten abfallende Gelände führt zum See und zum Badestrand. Kein Wunder, dass die Eigentümer das Grundstück bei einem ihrer häufigen Kanu-Ausflüge gefunden haben. Als sie die Wälder ringsum durchstreiften, bemerkten sie, dass in der Gegend der Schwarzspecht heimisch ist. Das gab dem Haus seinen Namen, der sich symbolisch in der schwarz-roten Fassadenfarbe wiederfindet.

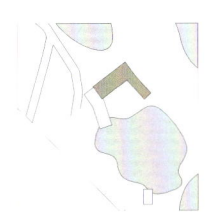

Links: Das Haus scheint über dem Boden zu schweben, als sei es nur vorübergehend in der Natur zu Besuch und könne irgendwann schadlos entfernt werden.

Der Wohnraum, der nach Süden immer sommerlicher wird: Der Kamin heizt noch ein wenig den verglasten Wintergarten, daran schließt die überdeckte Terrasse an.

Oben: Der Wintergarten setzt sich als gedeckte Terrasse fort, Doppelstegtafeln und eine Lattenschürze halten Regen und (zu viel) Sonne ab.

Rechts: Die Pultdächer bieten Platz für Hochbetten oder Lagerflächen.

Links: Gleich im Eingang wandelt sich das Bild: Das schwarze Waldhaus empfängt als lichtes weißes Gehäuse.

....

Der Holzrahmenbau ist auf einem erhöhten Punktfundament aufgeschlagen, die innere Organisation deutlich gegliedert. Das Zentrum (wir sind in Finnland!) bildet die Sauna. Sie wird sofort eingeschaltet, wenn die Besitzer im Winter anreisen. Ein offener Durchgang, mit roter Farbe abgesetzt, separiert ein Arbeits- oder Gästezimmer als eigenständiges Gehäuse unterm gleichen Dach. Ein Kamin im

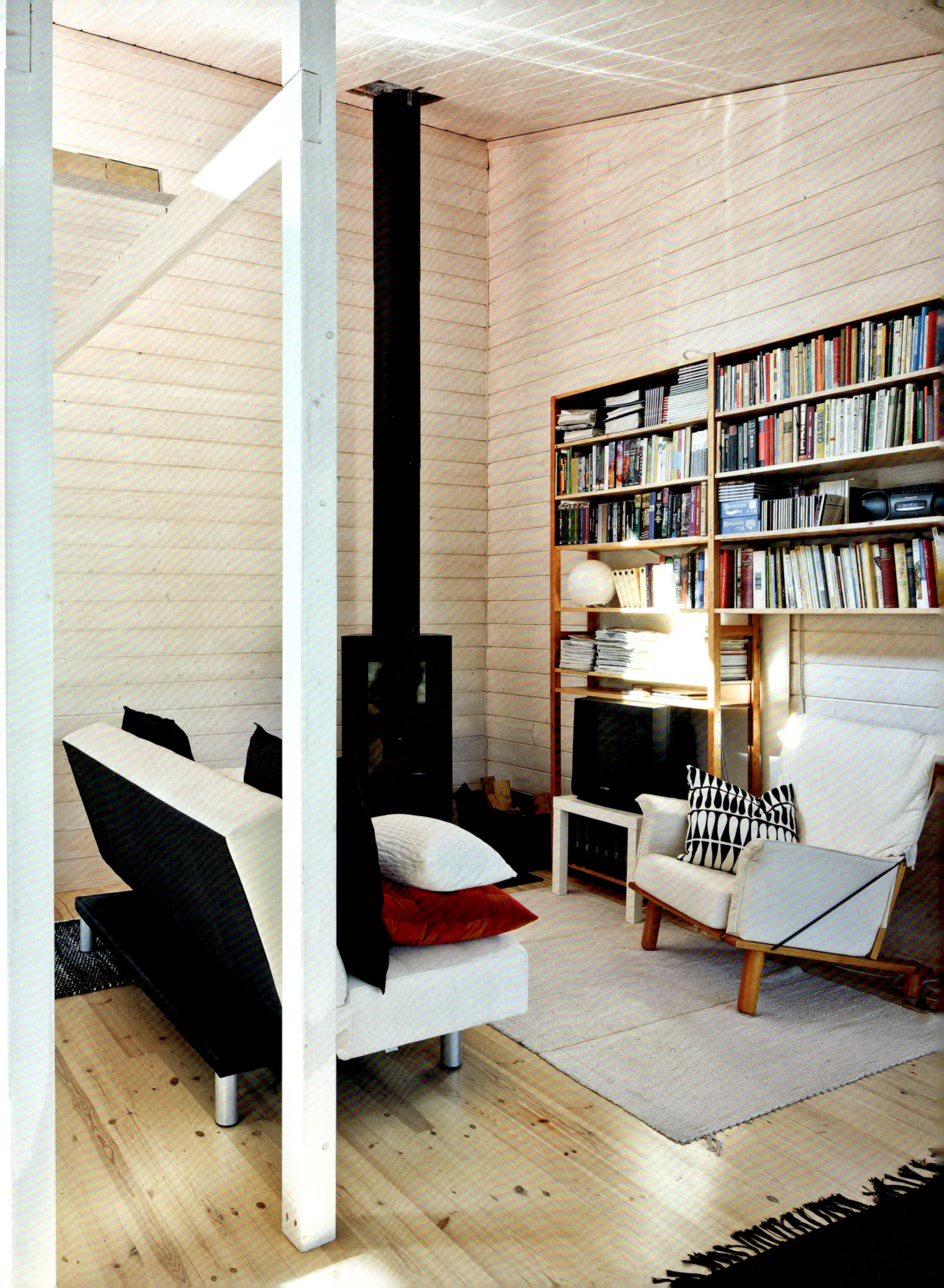

GRUNDRISS
OBERGESCHOSS
M 1:200

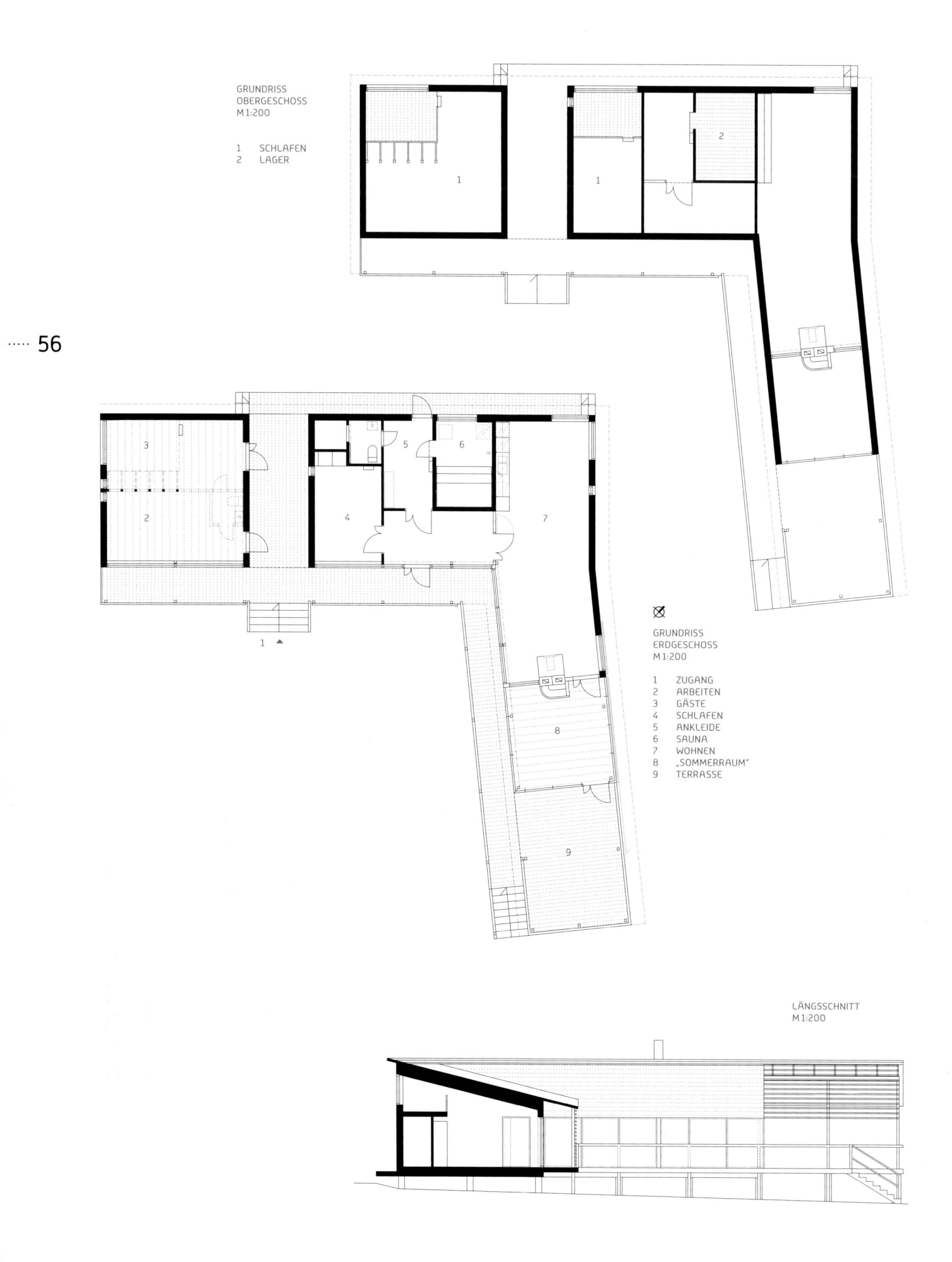

1 SCHLAFEN
2 LAGER

GRUNDRISS
ERDGESCHOSS
M 1:200

1 ZUGANG
2 ARBEITEN
3 GÄSTE
4 SCHLAFEN
5 ANKLEIDE
6 SAUNA
7 WOHNEN
8 „SOMMERRAUM"
9 TERRASSE

LÄNGSSCHNITT
M 1:200

Wohnraum temperiert auch noch einen nicht weiter beheizbaren Sommerraum – eigentlich ein Wintergarten, der sich als gedeckte Terrasse fortsetzt. Unter dem hohen Teil der Pultdächer sind Schlafkojen oder Stauräume eingerichtet.

Die Konstruktion wurde von einem Zimmerer errichtet, den Ausbau haben die Eigentümer übernommen.

Kimmo Friman, FL-Helsinki
Wohnfläche:	143 m²
Wintergarten:	20 m²
Nutzfläche:	163 m²
Anzahl der Bewohner:	2–5
Baubeginn:	2006
Fertigstellung:	2012

Bauweise, -konstruktion, -materialien:
reine Holzkonstruktion, Rohbau vom Zimmerer, Ausbau von den Eigentümern

Ein Haus, das im Wald verschwindet.
Die schwarze Farbe macht es noch unscheinbarer zwischen den Bäumen.

Ein rot lackierter Korridor trennt ein Apartment für Gäste oder (ungestörtes) Arbeiten ab.

58

DREIKLANG
AM HANG IN HASELBACH

Architekt Karl Heinz Schwarz | A – Wien

Holzkonstruktionen werden aus Baumstämmen hergestellt. Das ergibt, traditionell verbunden, ebene Wandflächen, die sich zu einem rechtwinkligen Baukörper schließen. Runde oder freie Formen erfordern einen handwerklich-technischen Mehraufwand. Bei diesem Haus ließen sich beide Prinzipien verbinden: mit drei orthogonalen, kastenartigen Elementen, die strahlenartig von einem 25 Meter langen Betonsockel über einem Hang auskragen.

Das Gelände fällt nach Südwesten ab. Die drei darüber kragenden Holzboxen umschreiben die inneren Nutzungen – Wohnen, Arbeiten und Schlafen – als deutlich isolierte Funktionen. Im massiven Untergeschoss sind Sauna, Gästezimmer und Technik untergebracht, durch die Hanglage betritt man das Geschoss darüber noch ebenerdig,

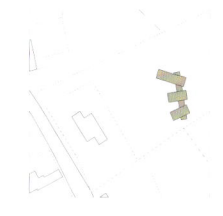

Links: Bei den Aussichtskanzeln trägt die Festverglasung der Fassaden zur Aussteifung bei. Dadurch konnte auf die üblichen Zug-Diagonalen verzichtet werden.

Die breite Verbindungsdiele zwischen den drei Kompartimenten bietet über die gesamte Länge Abstellflächen.

obgleich es sich mit seinen drei unterschiedlich langen Fingern als Obergeschoss in die Landschaft reckt.

Eine breite Diele, flankiert von einer zusätzlichen Sommerküche und dem Abstieg nach unten, verbindet die Bereiche; sie lassen sich ungestört und mit unterschiedlicher Teilhabe an der Landschaft – Kirche, Ort, Natur – nutzen.

Die Balance der Boxen wird durch schräg stehende Stahlstützen stabilisiert. Um auf die obligatorischen Diagonalverbände verzichten zu können, übernehmen die speziell fixierten Glasscheiben in den Fassaden die aussteifende Funktion. Neben der großzügigen Verglasung, die von allen Seiten Licht ins Haus holt, wollte die Bauherrschaft aufgrund der klimatischen und atmosphärischen Eigenschaften ein Holzhaus. Es wurde aus 12,8 Zentimeter dicken Brettsperrholzelementen (BSP) in Sichtqualität gebaut, mit 20 Zentimeter starken Weichfaserplatten gedämmt und außenseitig mit einer hinterlüfteten Lärchenholzschalung verkleidet. Die Decken sind als klassische Holzbalkenkonstruktion ausgeführt. Die raumhohen Fenster sind mit Drei-Scheiben-Isolierglas versehen. Als Niedrigenergiehaus verfügt es über eine kontrollierte Wohnraumlüftung.

Oben: Alles im Blick! Das Haus lebt von einer drastischen Funktionsteilung der Räume. Als drei separate Baukörper recken sie sich über das Terrain.

Links: Die Küche liegt nächst des Eingangs, vom Fenster aus kann man beobachten, wer sich dem Haus nähert.

....

Hinter dem Kopfende der Betten verbirgt sich ein begehbarer Schrank.

GRUNDRISS
ERDGESCHOSS
M 1:200

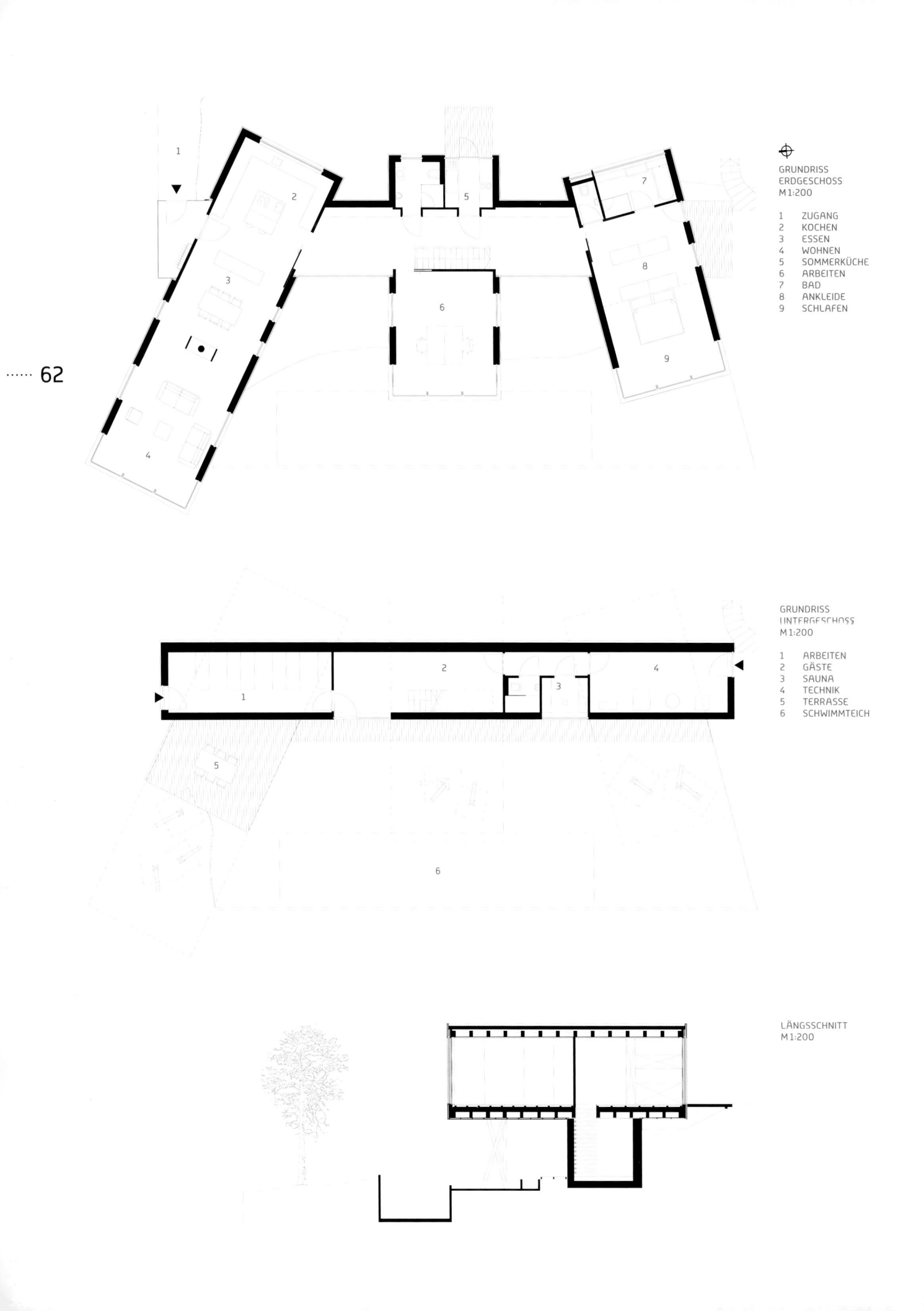

1 ZUGANG
2 KOCHEN
3 ESSEN
4 WOHNEN
5 SOMMERKÜCHE
6 ARBEITEN
7 BAD
8 ANKLEIDE
9 SCHLAFEN

GRUNDRISS
UNTERGESCHOSS
M 1:200

1 ARBEITEN
2 GÄSTE
3 SAUNA
4 TECHNIK
5 TERRASSE
6 SCHWIMMTEICH

LÄNGSSCHNITT
M 1:200

Ein Schwimmteich trägt zum Wohnwert bei. Die hochgestemmten Boxen verschatten die Terrassen.

Geheizt wird mit einer Luft-Luft-Wärmepumpe. Das Medium in den Kupferrohren ist also Luft, die Wärme verteilt sich über angeschlossene Aluminiumbleche unter den massiven Eichenholzdielen. Zum Sonnenschutz dienen elektrisch betriebene Raffstores an der Fassade. Ein Schwimmteich erhöht den Komfort des Wohnens, die tragenden Stahlstützen der nördlichen Box stehen in der Regenerationsfläche des Teichs.

Zur Morgensonne nach Osten liegt eine Sommerküche für einen (künftigen) Essplatz.

Architekt Karl-Heinz Schwarz, A-Wien

Grundstücksgröße:	1.731 m²
Bebaute Fläche:	209 m²
Wohnnutzfläche:	176 m²
Nebenräume:	56 m²
Umbauter Raum:	1.122 m³
Terrasse EG:	5,6 m²
Terrasse UG:	58 m²
Schwimmteich:	45 m²
Anzahl der Bewohner:	2
Baubeginn:	2011
Fertigstellung:	2012

Bauweise, -konstruktion, -materialien:
Holzboxen Wände: KLH in Sichtqualität, 20 cm Weichfaserplatten, Fassade: hinterlüftete Lärchenlattung; Decken: Holzbalkendecken, Fundament: Beton

64

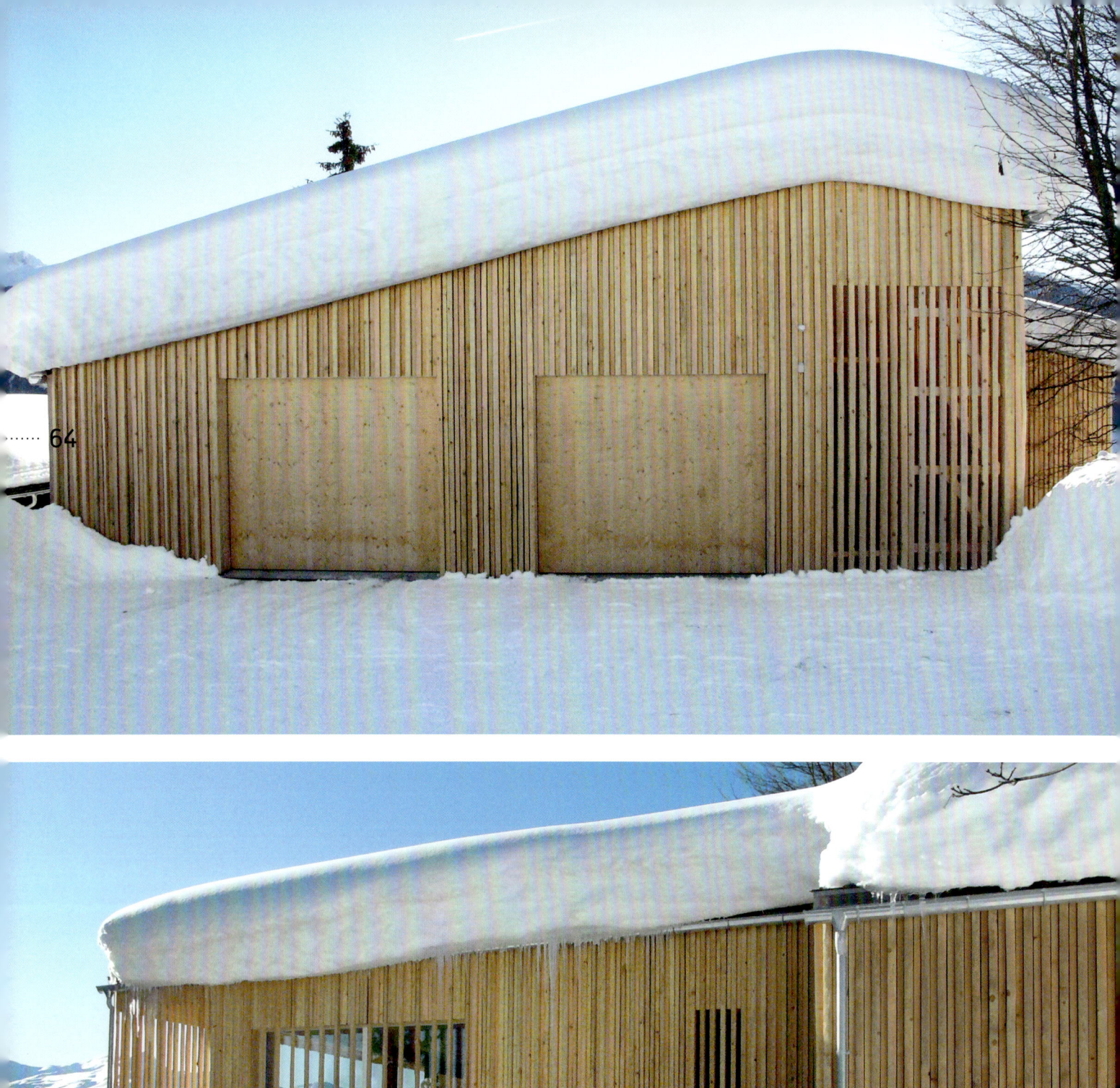

PROJEKT 8 X 6 = 48
IN PANY

atelier-f architekten | CH – Fläsch

Es lohnt sich, das Dorf Pany im Prättigau, oberhalb des Gletscherflusses Landquart in Graubünden, auf dem Atlas zu suchen. Es ist eine der sonnigsten Gemeinden des gesamten Kantons. Und so erklärt sich die Motivation der beiden Bewohner, nichts außer Natur sehen zu wollen, gleichzeitig lässt sich der Entwurf der Architekten nachvollziehen.

Das Wohnhaus wurde mit der Absicht entworfen, den Ort und seine von der Natur und der regionalen Topografie gegebenen Eigenheiten zu respektieren. Das Grundstück ist eine steile Wiese mit einer mächtigen, mehrstämmigen Buche, mit Lärchen und Tannen. Darauf reagiert der Z-förmige Umriss des Gebäudes. Allerdings existiert auch ein örtliches Baugesetz, in dem rätselhafte Vorschriften enthalten sind. Sie besagen, dass die Summe aller Gebäudeeckhöhen höchstens ein Vielfaches von 6 Metern, maximal 9 Meter betragen darf. Die acht Ecken ermöglichten es, mit den bergseitigen vier niederen Ecken die Überhöhe talwärts zu kompensieren; so ergab sich das abgeknickte, dreigeschossige Gebäude. Der Baukör-

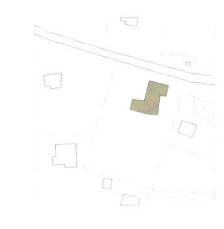

Links: Die Eingangsseite gibt sich besonders hermetisch, rechts neben den Garagentoren befindet sich die Haustür.

Die Lärchenlatten vor den Fenstern dienen der Beschattung und schützen vor Einblicken.

Die vorhandenen Bäume und eine trickreiche Auslegung der Bauordnung ergaben die gewinkelte Kubatur des Hauses.

GRUNDRISS
ERDGESCHOSS
M 1:200

1 KELLER
2 BAD
3 ZIMMER
4 SCHLAFEN
5 ANKLEIDE

GRUNDRISS
DACHGESCHOSS
M 1:200

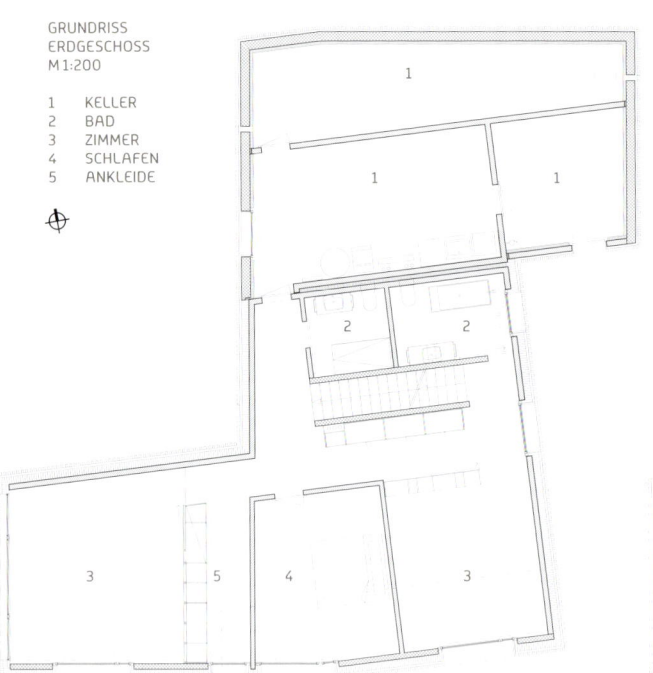

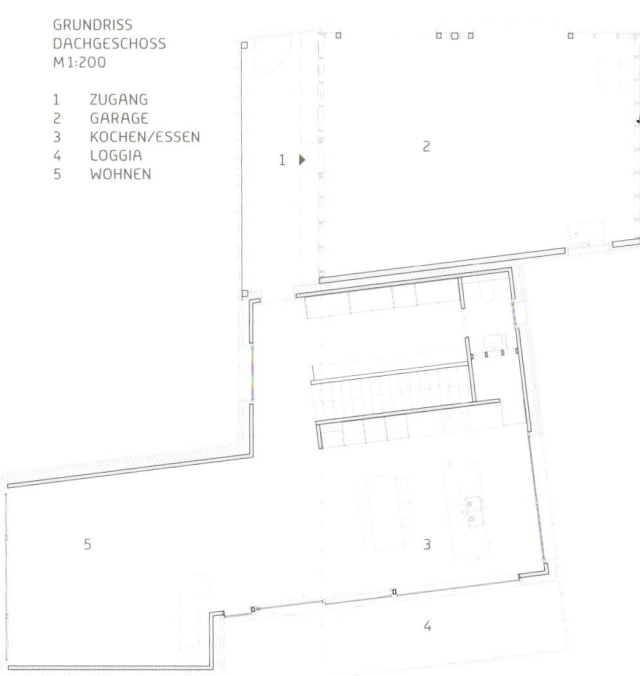

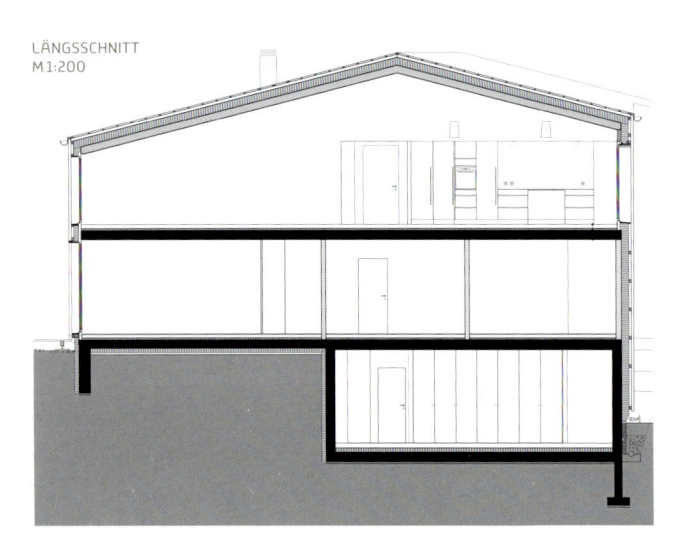

1 ZUGANG
2 GARAGE
3 KOCHEN/ESSEN
4 LOGGIA
5 WOHNEN

LÄNGSSCHNITT
M 1:200

Zur Talseite sieht man unverstellt in die Berglandschaft. Ein Freisitz begleitet das Dachgeschoss.

atelier-f architekten, CH-Fläsch

Grundstücksgröße:	2.397 m²
Überbaute Fläche:	204 m²
Wohnfläche:	
EG	87 m²
OG	130 m²
DG	130 m²
Total:	347 m²
Nutzfläche:	
OG	74.7 m²
DG	73.6 m²
Total:	148 m²
Bruttorauminhalt:	1.630 m³
Anzahl der Bewohner:	2
Baubeginn:	April 2011
Fertigstellung:	Dezember 2011

Bauweise, -konstruktion, -materialien:
Tragwerk: Beton-, Backstein- und KLH-Wände; Fassade: Vertikale Doppellatten mit sichtbarer Baumkante, Wärmedämmung 200 mm; Decken: Beton; Dach: KLH–Massivholzplatten, Eterniteindeckung; Außenwände: verleimte Massivholzplatten, Innenwände: Backstein mit Weißputz

Heizenergiebedarf und Warmwasser: 38 kWh/m² · a

per umschließt an der Westseite die erwähnte Buche, nach Osten entsteht ein ebenfalls gewinkelter Außenraum zum Bach.

Die traditionellen Bauernhäuser und Stallscheunen im Prättigau wurden auf einem massiven Steinsockel als Holzkonstruktion errichtet. Diese Bauweise haben die Architekten für das neue Wohnhaus übernommen. Der Unterbau ist allerdings in den Hang betoniert und dient gleichzeitig als Energiespeichermasse; die weitgehend vorgefertigte Holzkonstruktion ist aus Brettsperrholz (BSP) montiert. Die Fassade besteht aus vertikalen Doppellatten mit sichtbarer Baumkante, als Dämmung dienen 200 Millimeter dicke, kompakte Steinwolle-Platten. Die Böden folgen auch einem „natürlichen" Prinzip: entweder handelt es sich um schwarz eingefärbten Beton oder Eichendielen. Die Wandelemente sind innen mit Sumpfkalk lasiert.

Erschlossen wird das Haus im Dachgeschoss, hinter der Nordfassade hätte man fast kein Wohnhaus vermutet. Auch die Außenwände nach Westen und Osten verbergen ihre Fenster hinter auf Lücke gesetzten Lärchenbrettern. Nach einem „dienenden" Erschließungskern hinter der Garage erreicht man mittig einen Großraum für Kochen, Essen, Wohnen, der sich zu einem Balkon mit raumhoher Befensterung öffnet. Darunter folgen Schlafräume, ein Atelier und Lagerflächen. Im Untergeschoss liegen ein weiteres Atelier, Bäder, Sauna und im Hang Keller und Stauräume.

Ein schwerer Ofen ist der Angelpunkt der Wohnung. Die Lärchenlatten vor den Fenstern dienen der Beschattung und schützen vor neugierigen Blicken. Auf dem Boden blieb es beim eingefärbte Beton.

Das Haus kapriziert sich nicht mit städtischen Wohnformen, sondern birgt seinen Wohnkomfort hinter einer rohen Brett-Fassade, die noch die Rundung der Baumstämme zeigt.

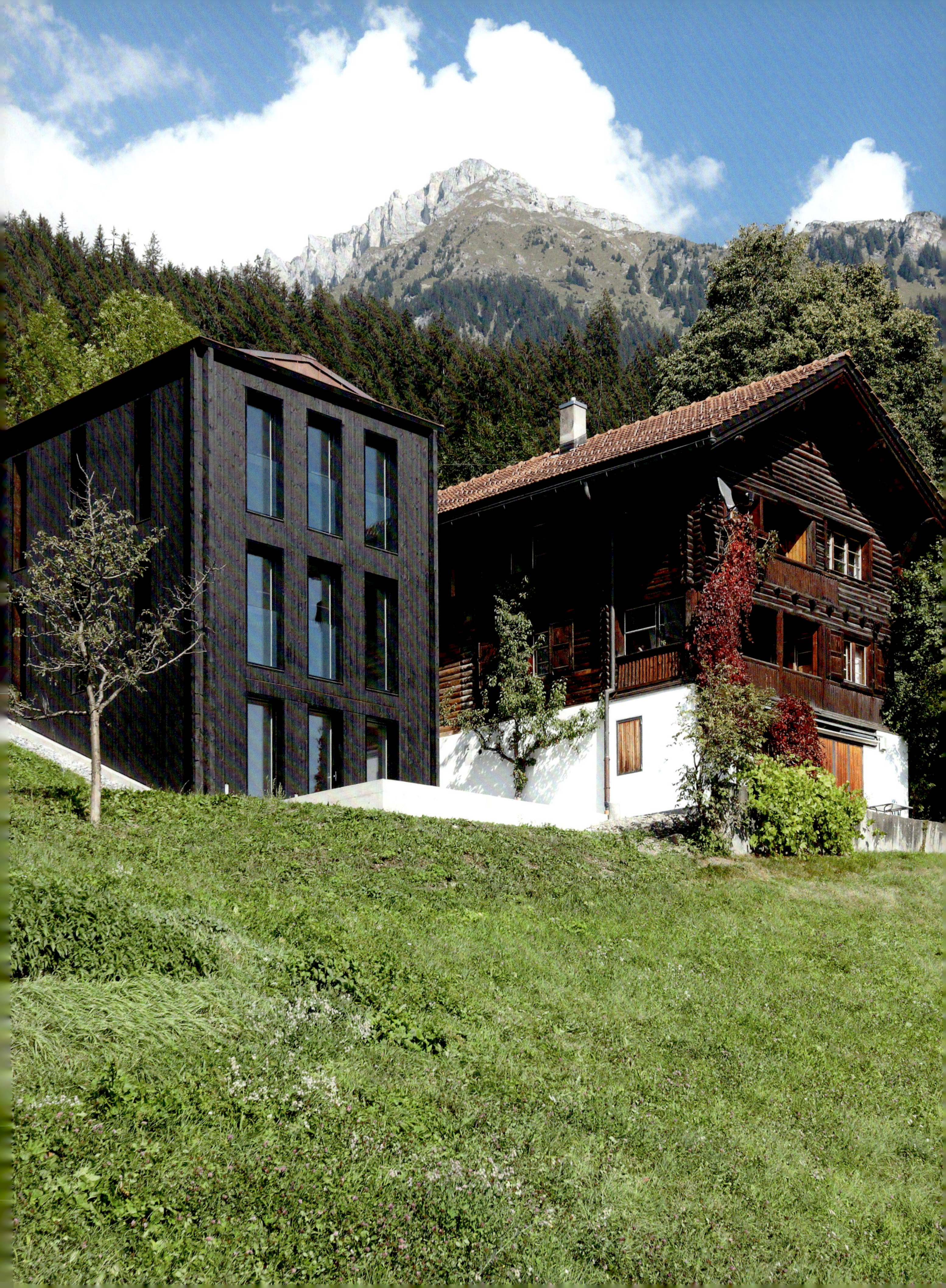

CHALET „HAUS BERG FRIEDEN" IN SAAS

Max Dudler Architekten AG | CH – Zürich

Die Bauaufgabe lautete, einen aus den Dreißigerjahren stammenden Strickbau samt seiner späteren Erweiterung an die neuen familiären Gegebenheiten anzupassen. Um die ursprüngliche Form des Chalets wieder herzustellen, wurde ein eher fremd neben dem Haupthaus stehender Anbau durch ein eigenständiges Gebäude mit annähernd quadratischem Grundriss ersetzt. Äußerlich nimmt es in stark abstrahierter Form die typischen Elemente des Strickbaus auf und übersetzt sie in eine strenge, rationale Ordnung. Verbindend zwischen beiden Häusern wirken die dunkle Farbgebung der Holzverkleidung sowie das zurückgesetzte Satteldach des Neubaus. Die schlanken, geschosshohen Fenster unterbrechen die senkrechte Holzverschalung. Betont wird die Vertikale noch durch zwei jeweils über Eck stehende Kanthölzer, die die typische Verkämmung der Strickbauweise nachempfinden.

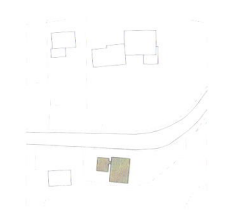

Links: Zwei Generationen Holzbau, die nicht miteinander konkurrieren, sondern sich in ihrer jeweils zeitgenössischen Baukonstruktion einander annähern.

Über einem Betonsockel schneidet die Holzkonstruktion in den Hang. Durch den Versatz der Baukörper ergeben sich private Terrassen.

...... 70

Zur Westseite bieten schmale Fensterstreifen sogar aus dem Bad eine zauberhafte Aussicht.

Die beiden oberen Geschosse des turmartig wirkenden Neubaus sind in Holzelementbauweise ausgeführt, sie ruhen auf einem massiven Betonsockel, der den Geländeverlauf nachzeichnet. Auf dieser teilweise in den Hang gebauten Ebene liegt neben der Technik die Bibliothek, die sich über eine untere Terrasse zum Garten öffnet. Auf den beiden oberen Ebenen befindet sich jeweils eine kleine, unabhängig erschlossene Schlaf- und Wohneinheit mit eigenem Bad. Das als Lärmschutz zur Straße vorgelagerte halboffene Treppenhaus wird nicht beheizt, deshalb brauchte es zugunsten einer größeren Wohnfläche nicht angerechnet zu werden. Alle Ebenen sind durch einen Lift barrierefrei zu erreichen, so dass sie auch für ältere Bewohner komfortabel bleiben.

Unten:
Eine gläserne Passage verbindet die beiden Häuser.

Unten rechts:
Die typische Verkämmung bei der Strickbauweise wurde durch zwei senkrechte Eckpfosten abstrakt übersetzt.

Rechts: Die zweite Treppe im Neubau gewährt Gästen Unabhängigkeit; gleichzeitig dient sie als Lärmschutz zur Straße.

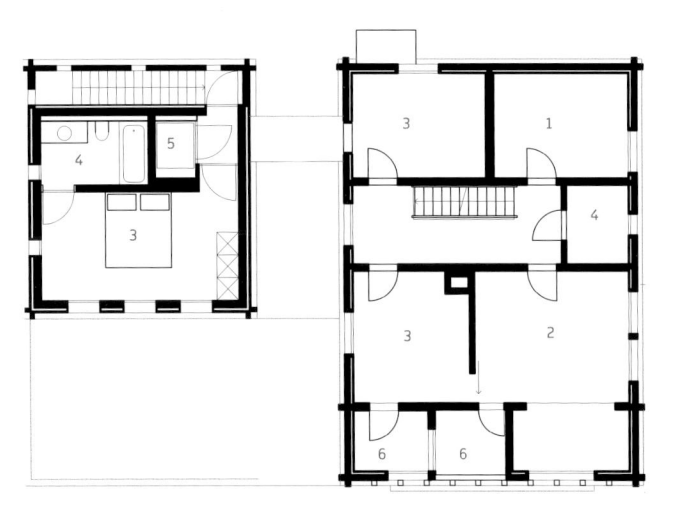

GRUNDRISS
OBERGESCHOSS
M 1:200

1 KOCHEN
2 WOHNEN
3 ZIMMER
4 BAD
5 LIFT
6 LOGGIA

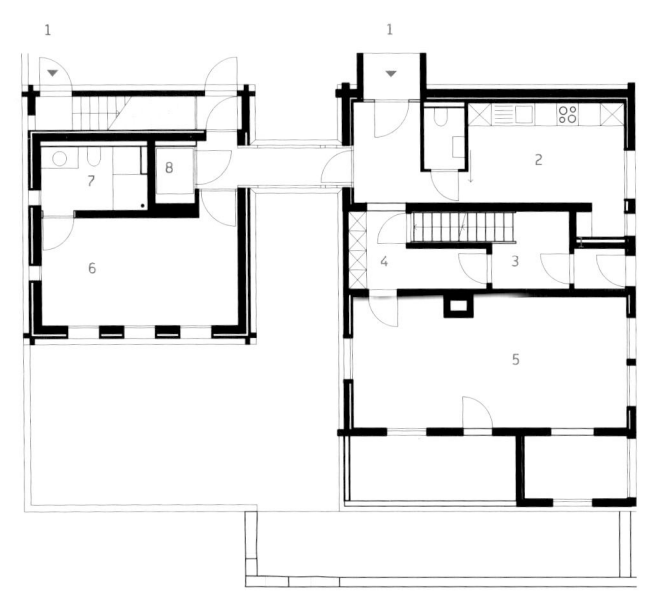

Max Dudler Architekten AG, CH-Zürich
Grundstücksgröße: 918 m²
Überbaute Fläche: 143 m²
Wohnfläche:
Neubau-/Umbaubereich: 86 m²,
gesamt: 238 m²
Nutzfläche:
Neubau-/Umbaubereich: 100 m²
gesamt: 267 m²
Bruttorauminhalt:
Neubau-/Umbaubereich: 470 m³
gesamt: 1.223 m³
Anzahl der Bewohner: 2–6
Baubeginn: 2008
Fertigstellung: 2009

Bauweise, -konstruktion, -materialien:
EG/OG: vorfabrizierte Wand- und Deckenelemente aus Holz;
UG: zweischalige Wandkonstruktion Mauerwerk/Beton, Stahlbetondecke; Fassade: Holzverkleidung stehend

Baukosten gesamt (BKP 1-5 exkl. MwSt.): 1 Mio. CHF
Baukosten je m² Wohn- und Nutzfläche: 10.000 CHF
Heizenergiebedarf: 96 kWh/m²·a

GRUNDRISS
ERDGESCHOSS
M 1:200

1 ZUGANG
2 KOCHEN
3 ZUGANG OBEN
4 GARDEROBE
5 WOHNEN
6 ZIMMER
7 BAD
8 LIFT

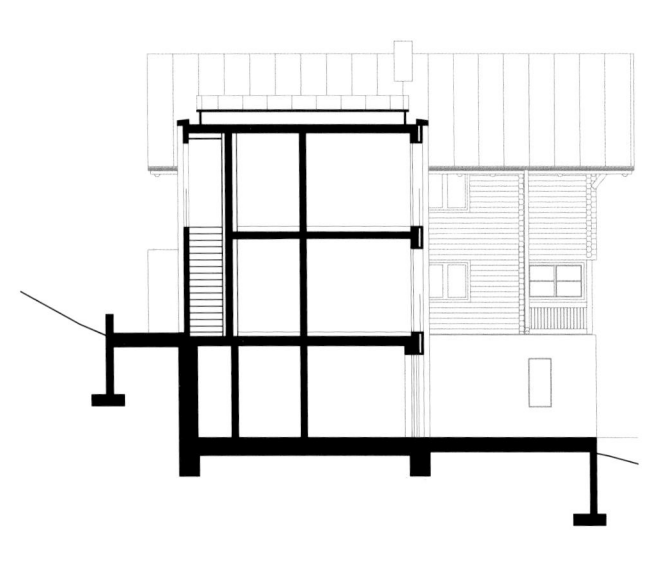

Der eigentliche Zugang liegt im Altbau. Durch die Neuorganisation ergaben sich dort auch konstruktive Änderungen, in deren Folge das Entree mit einem deutlich aus der Fassade ragenden Windfang aus Sichtbeton ergänzt wurde. Die einheitliche Gestaltung des Außenraums verbindet im Erdgeschoss beide Häuser, die über einen kurzen verglasten Gang kommunizieren.

LÄNGSSCHNITT
M 1:200

Der Haupteingang liegt aber nach wie vor im Haupthaus und wird durch einen neuen betonierten Windfang akzentuiert.

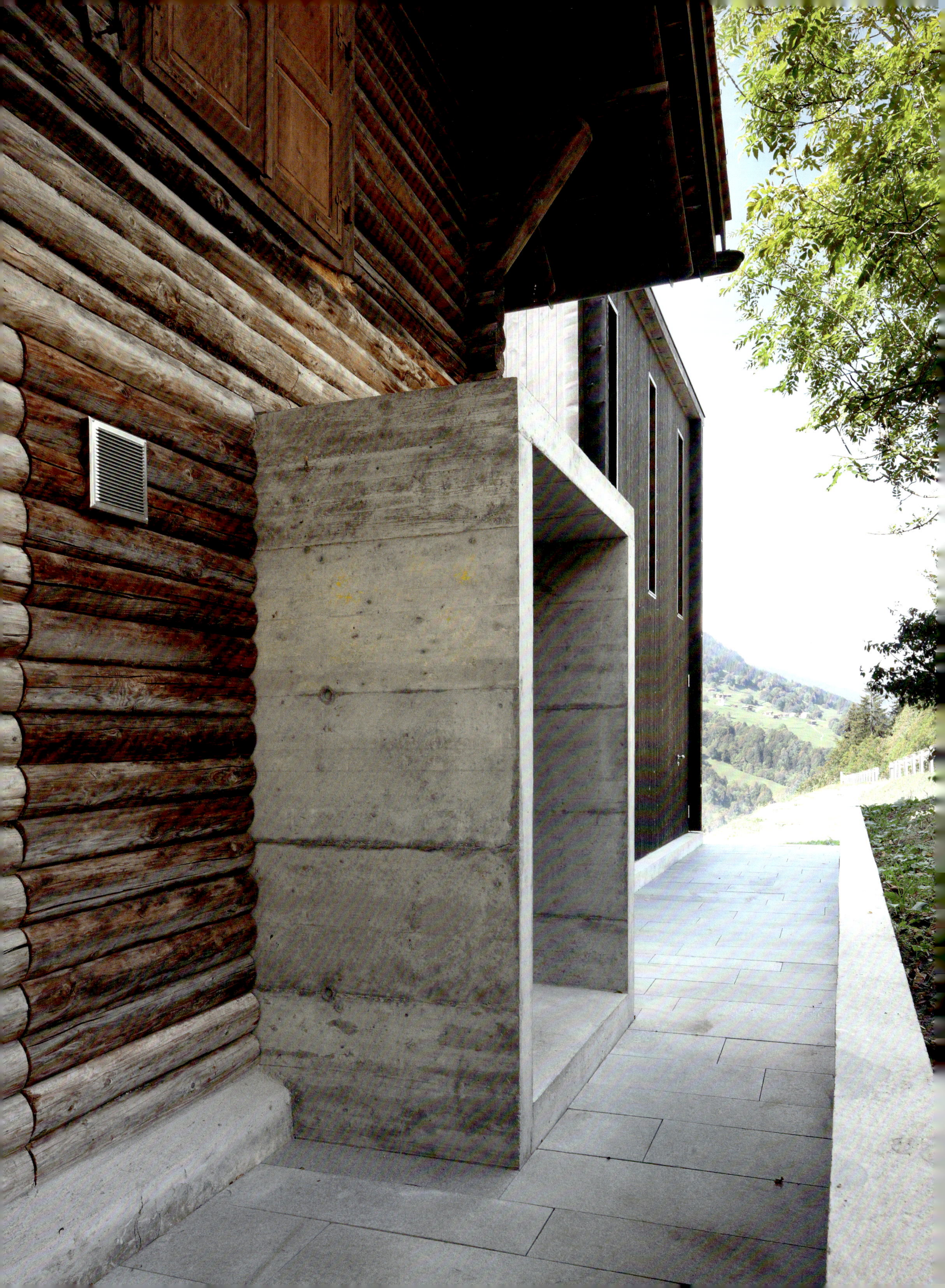

74

EIN GENERATIONENHAUS IN BIZAU

Architekten Hermann Kaufmann ZT GmbH | A – Schwarzach

Man wird nicht lange raten müssen, wo dieses Haus steht: in Vorarlberg. Ein großes, neues Anwesen, das an die Brandwand einer Scheune aus dem 18. Jahrhundert angebaut wurde. Es zeichnet sich durch die Annehmlichkeiten des energieverantwortlichen Wohnens aus – Fußbodenheizung, Solar-Paneele, Dreifachverglasung – und bewahrt dennoch eine vernünftige traditionelle Kubatur, die wiederum lichtdurchflutete, moderne, offene Grundrisse umschreibt. Erst hatte man den Fassaden noch eine Verkleidung aus den regional typischen Holzschindeln geben wollen, aber dann kam der Bauherr doch zu der Überzeugung, dass die minimalistische Holzverbretterung ausreicht.

Das Haus verfügt über einem massiven Sockel, der von dem Mitte des letzten Jahrhunderts abgebrannten Vorgängerbaus erhalten blieb, über drei Stockwerke. Zur Zeit werden sie von der Familie mit ihren erwach-

Links: Die Giebelfassade zeigt ein stattliches Haus für eine Großfamilie. Doch die Stockwerke sind vorbereitet, um auch andere Nutzungen zu erlauben.

Trotz des traditionellen Bilds von außen erwarten einen im Haus helle, ungeteilte Wohnräume.

Die senkrechten Leisten verbergen die großen Scheiben des Treppenhauses.

senen Kindern genutzt, später können sie zum Beispiel als großzügige Ferienapartments vermietet werden. Ein passables, durch die gesamte Tiefe des Hauses reichendes Treppenhaus verbindet die Ebenen, die beiden oberen verfügen zusätzlich über eine interne Treppe; damit sind weitere Möglichkeiten für eine andere Nutzung gegeben. Im Dachgeschoss sind bereits Anschlüsse für den Einbau einer eigenen Küche vorhanden.

Geheizt wird mit stattlichen Kachelöfen, die den Mittelpunkt der beiden Wohnungen in den Hauptgeschossen bilden. Verbrannt wird Holz aus dem privaten Wald der Bauherrschaft. Zusätzlich versorgen die Öfen den Wasserkreislauf einer Fußbodenheizung, außerdem liefern

Architekten Hermann Kaufmann ZT GmbH, A-Schwarzach

Wohnnutzfläche:	260 m²
Nettogeschossfläche:	310 m²
Bruttogeschossfläche:	480 m²
Bruttorauminhalt:	4.920 m³
Anzahl der Bewohner:	2
Baubeginn:	2011
Fertigstellung:	2012

Bauweise, -konstruktion, -materialien:
Bestand: massiv; Außenwände: gedämmte Holzrahmenelemente (KVK Fichte); Innenwände EG: gemauert und verputzt; Innenwände OG1, OG2: Leichtbauwände mit Holztäfer (Weißtanne), Decken: Brettstapeldecke; Fassade: Vertikaler Schirm hinterlüftet, Weißtanne gehobelt

Heizenergiebedarf	35,57 kWh/m² · a

Für den Architekten Hermann Kaufmann steht die Frage nach der Beheizung am Anfang der Planung. Bei diesem Haus übernehmen herrschaftliche Kachelöfen, an die auch die Fußbodenheizung (sowie Solarkollektoren) angeschlossen sind, die Temperierung.

Das Treppenhaus reicht durch die ganze Gebäudetiefe und ist breit genug für eine Neuinterpretation der Funktionen.

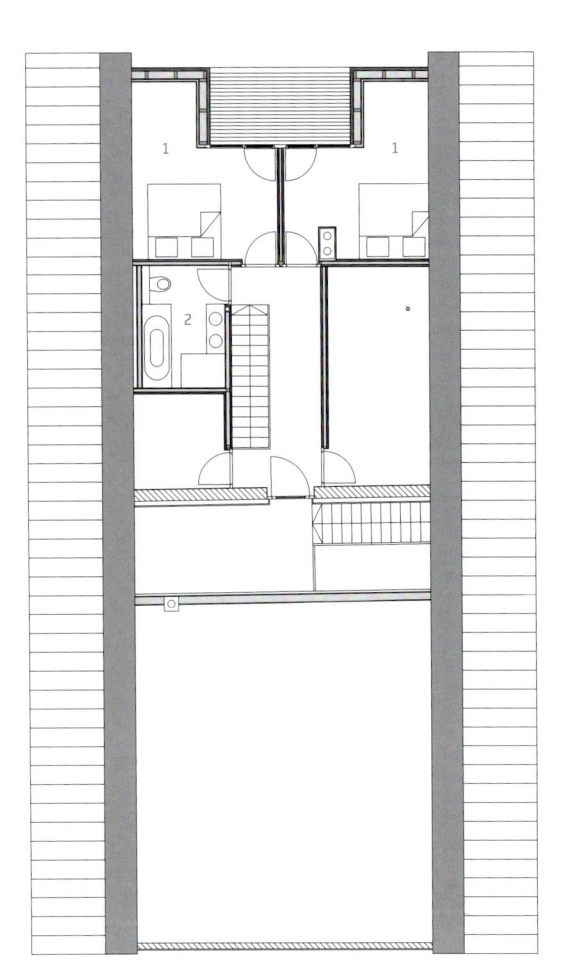

GRUNDRISS
3. OBERGESCHOSS
M 1:200

1 SCHLAFEN
2 BAD

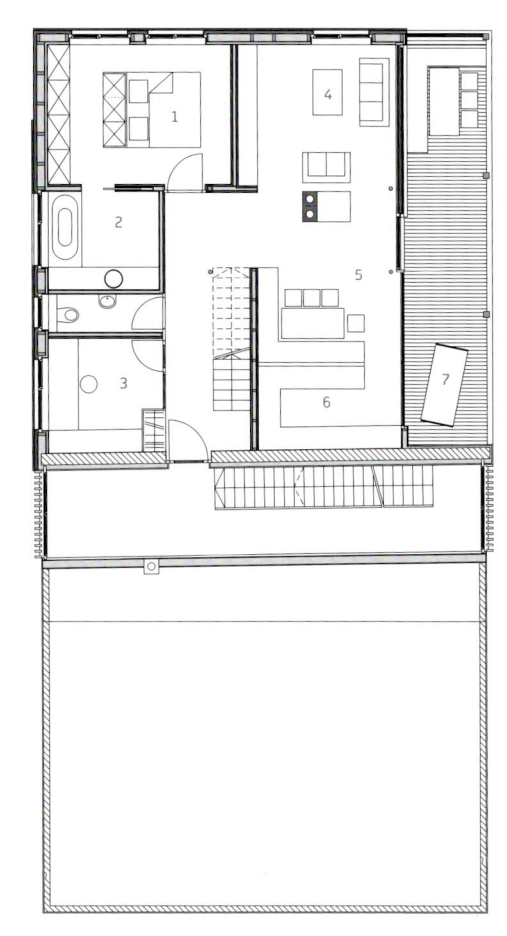

GRUNDRISS
2. OBERGESCHOSS
M 1:200

1 SCHLAFEN
2 BAD
3 ARBEITEN
4 WOHNEN
5 ESSEN
6 KOCHEN
7 BALKON

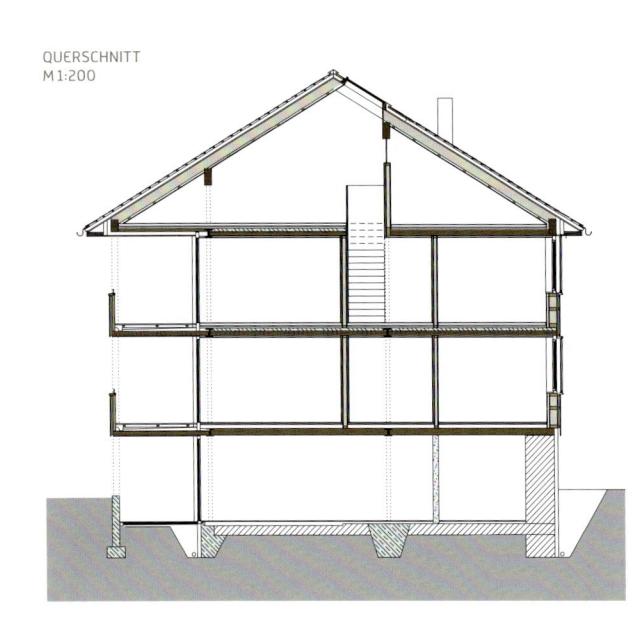

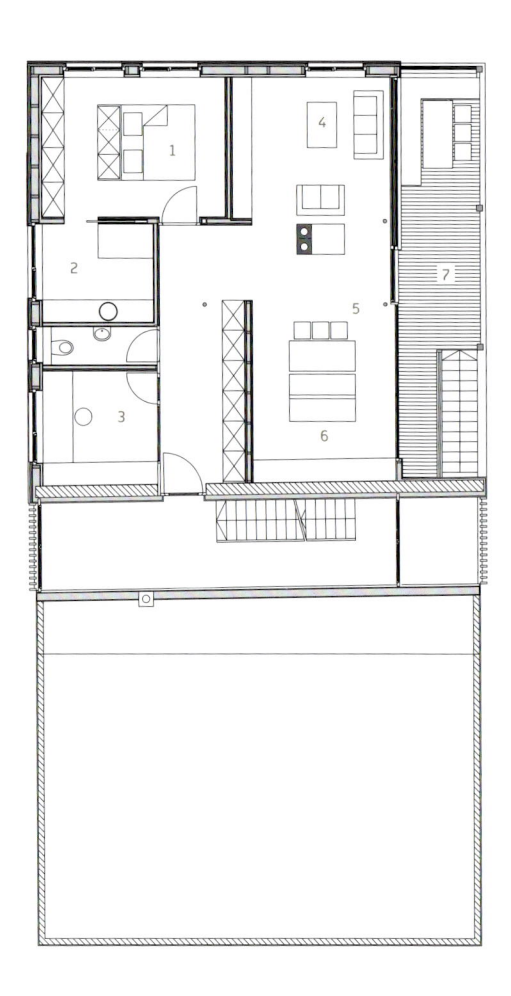

GRUNDRISS
1. OBERGESCHOSS
M 1:200

1 SCHLAFEN
2 BAD
3 ARBEITEN
4 WOHNEN
5 ESSEN
6 KOCHEN
7 BALKON MIT
   ZUGANG

QUERSCHNITT
M 1:200

Sonnenkollektoren Heizenergie für den Boiler, geregelt von einer fortschrittlichen Steuerung. In den Küchen stehen neben modernen Induktionsherden Dampfgarer.

Das Sockelgeschoss ist noch nicht ausgebaut. Es wird als Lagerfläche verwendet oder dient für gelegentliche Familientreffen. Später könnte es für die Familienoberhäupter, wenn ihnen die Stiegen zu lästig werden, zu einer Wohnung ausgebaut werden. Eigentlich ist das Haus ideal für eine Großfamilie, doch es ist ungeheuer flexibel zu nutzen, meint der Bauherr. Und was ist seine größte Freude? Eine große Wanne vor dem Badezimmerfenster, da kann er im heißen Wasser liegen und hinausschauen, wenn es draußen schneit.

Der Stolz des Bauherrn: eine Badewanne mit Ausblick!

80

SIEDLUNGSHAUS IN JENA

Kaden Klingbeil | Berlin

Mit einer Holzkonstruktion kann man inzwischen sogar in die Höhe bauen. In Berlin haben es die Architekten Kaden Klingbeil mit einem siebengeschossigen Wohn- und Geschäftshaus bewiesen. Dieses schmale, viergeschossige Holzhaus auf kleiner Grundfläche ersetzt ein altes Siedlungshaus, dessen Bauzustand die Sanierung nicht mehr lohnte. In der nächsten Nachbarschaft, ein leicht nach Süden abfallender Hang, stehen ungleich verteilt kleinere Häuser aus den Vierzigerjahren und neuere Gebäude.

In dieser topografischen Lage orientiert sich der Neubau mit seiner großflächigen Verglasung zum Tal und bietet einen Ausblick über die umgebende Mischbebauung zur Stadt. Die Bauherrschaft wünschte sich zwar ein Holzhaus, mochte aber nach außen keine vergrauende Fassade erleben, sondern einen Baukörper, der sich unauffällig in die Umgebung fügt. Die klassische Holzrahmenbauweise aus KVH und BSH (für die Unterzüge) schließt auf der Innenseite über aussteifenden OSB-Platten mit Fermacell-Tafeln ab. Zwischen die tragenden Ständer wurde eine Zellulosedämmung eingeblasen. Eine Weichfaserplatte zur Außenseite dient als Putzträger, das Treppenhaus ist mit roten Phenolharz-Schichtstoffplatten verkleidet.

Durch die Hanglage erhält sogar das Untergeschoss mit Kinder- und Gästezimmer einen Ausblick zum Tal, ebenso der Hauswirtschaftsraum unter dem Carport, von dessen Dach geschützt der Eingang im Erdgeschoss liegt. Hier erreicht man nach

Links: Zur Talseite spielt die Musik. Große Fenster, Erker, Balkon und Gauben überspielen die klassische Grundform des Satteldachhauses.

In den Innenräumen lässt sich die tragende Holzkonstruktion noch ablesen. Balken und Dielen bestimmen die Atmosphäre der Räume.

dem Flur die Küche und den Wohnbereich mit Essplatz, wobei alle Räume durch Schiebetüren eine eher offene Nutzung anbieten. Attraktion ist der auskragende, außen rot markierte Erker, ein Kaminofen sorgt zusammen mit der über eine Erdwärmepumpe versorgten Fußbodenheizung für angenehme Temperaturen. Im Geschoss darüber haben die Eltern neben einem kompakten Schlafraum mit großem Bad und Ankleide einen Arbeitsraum, an den ein Balkon anschließt. Auch hier lassen sich alle Bereiche durch Schiebetüren miteinander verbinden. Das Dachgeschoss schließlich bietet mit seiner Atelierverglasung die beste Aussicht. Hier lässt sich über den Dächern wohnen.

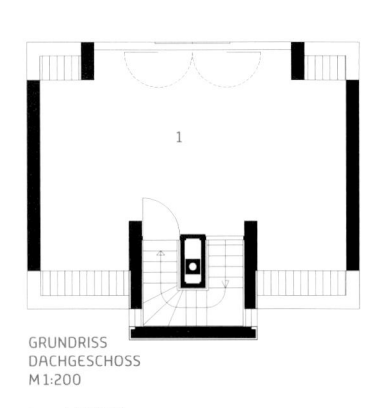

GRUNDRISS
DACHGESCHOSS
M 1:200

1　WOHNEN

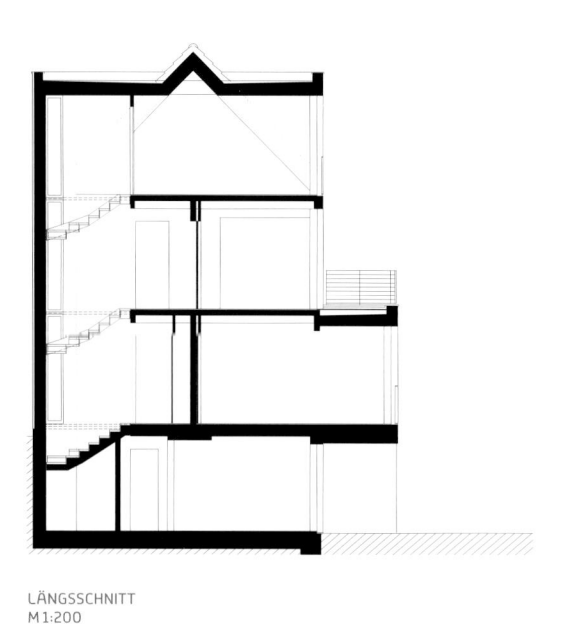

LÄNGSSCHNITT
M 1:200

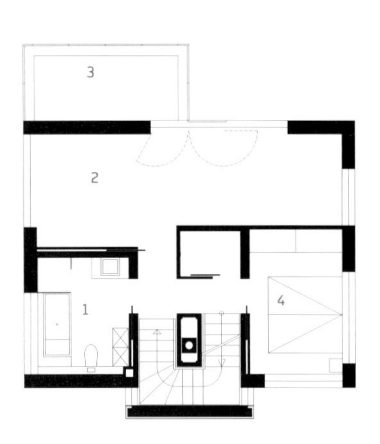

GRUNDRISS
OBERGESCHOSS
M 1:200

1　BAD
2　ARBEITEN
3　TERRASSE
4　SCHLAFEN

GRUNDRISS
ERDGESCHOSS
M 1:200

1　ZUGANG
2　KOCHEN
3　WOHNEN/ESSEN

Drei Geschosse hat das
Haus zur Straßenseite,
der seitliche Eingang
liegt geschützt
unter dem Dach
des Stellplatzes.

83

Kaden Klingbeil, Berlin

Grundstücksgröße:	382 m²
Überbaute Fläche:	112 m²
Wohnfläche:	192 m²
Nutzfläche:	94 m²
Bruttorauminhalt:	723 m³
Anzahl der Bewohner:	4
Baubeginn:	2011
Fertigstellung:	2012

Bauweise, -konstruktion, -materialien:
Keller: Stb-Fertigteilwände und -decken;
Tragwerk: Holzrahmenbau mit Zellulosedämmung;
Fassade: Putz, Plattenfassade, Deckenbalken; Satteldach / Flachdach (Zwischensparrendämmung)

Baukosten gesamt (KG 300 + 400 HOAI):	400.000 €
Baukosten je m² Wohn- und Nutzfläche:	1.400 €
Primärenergiebedarf:	54,5 kWh/m² · a
Heizenergiebedarf:	52,26 kWh/m² · a
Zertifiziert als:	KfW-Effizienzhaus 70

Links unten: Das Haus öffnet sich zur (Stadt-) Landschaft und den Kernbergen. Die bodentiefe Verglasung konterkariert die traditionelle Kubatur.

Ein Holzhaus, das seine tragende Konstruktion verbirgt und sich den umgebenden verputzten Stadthäusern anschließt.

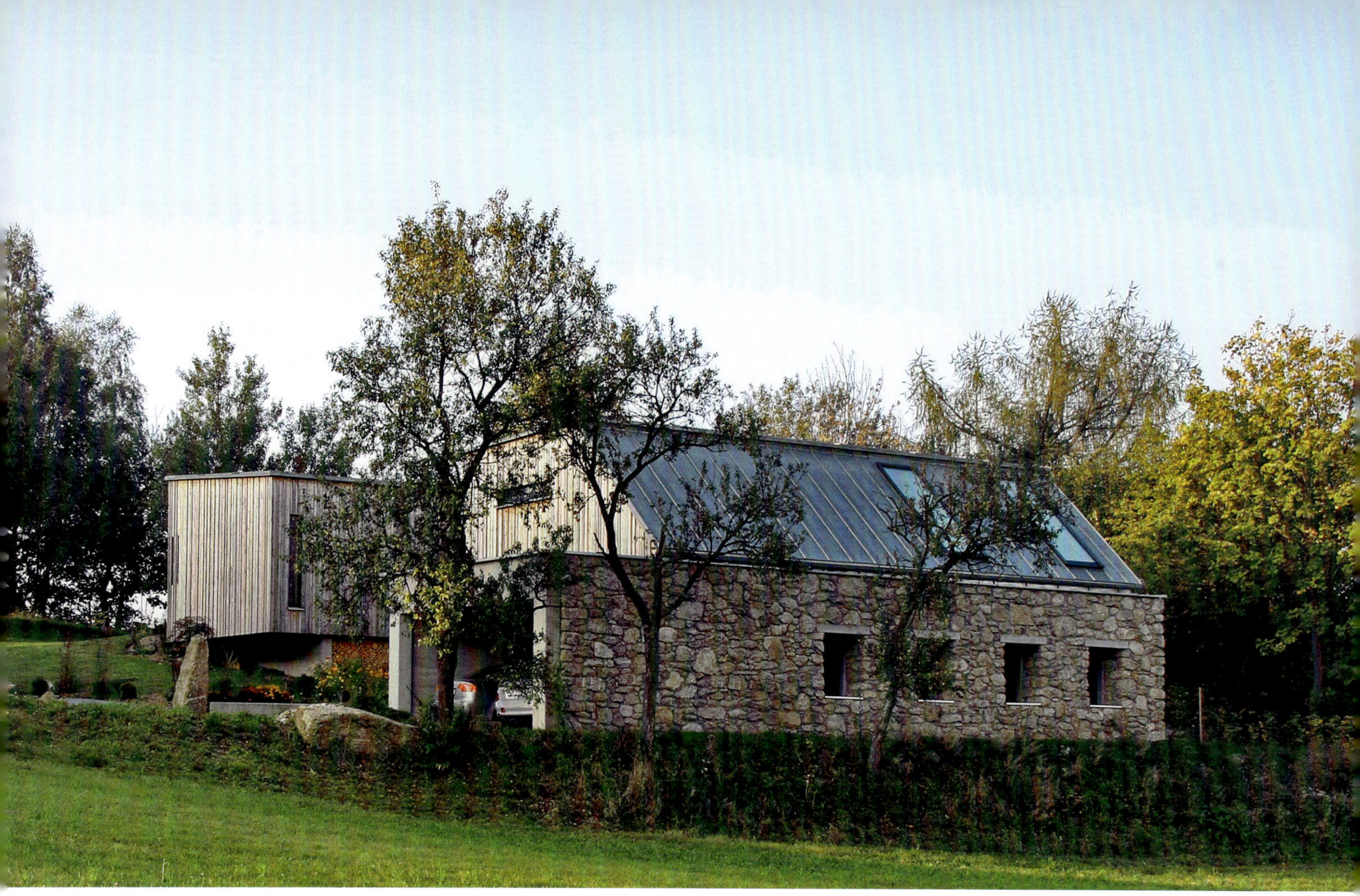

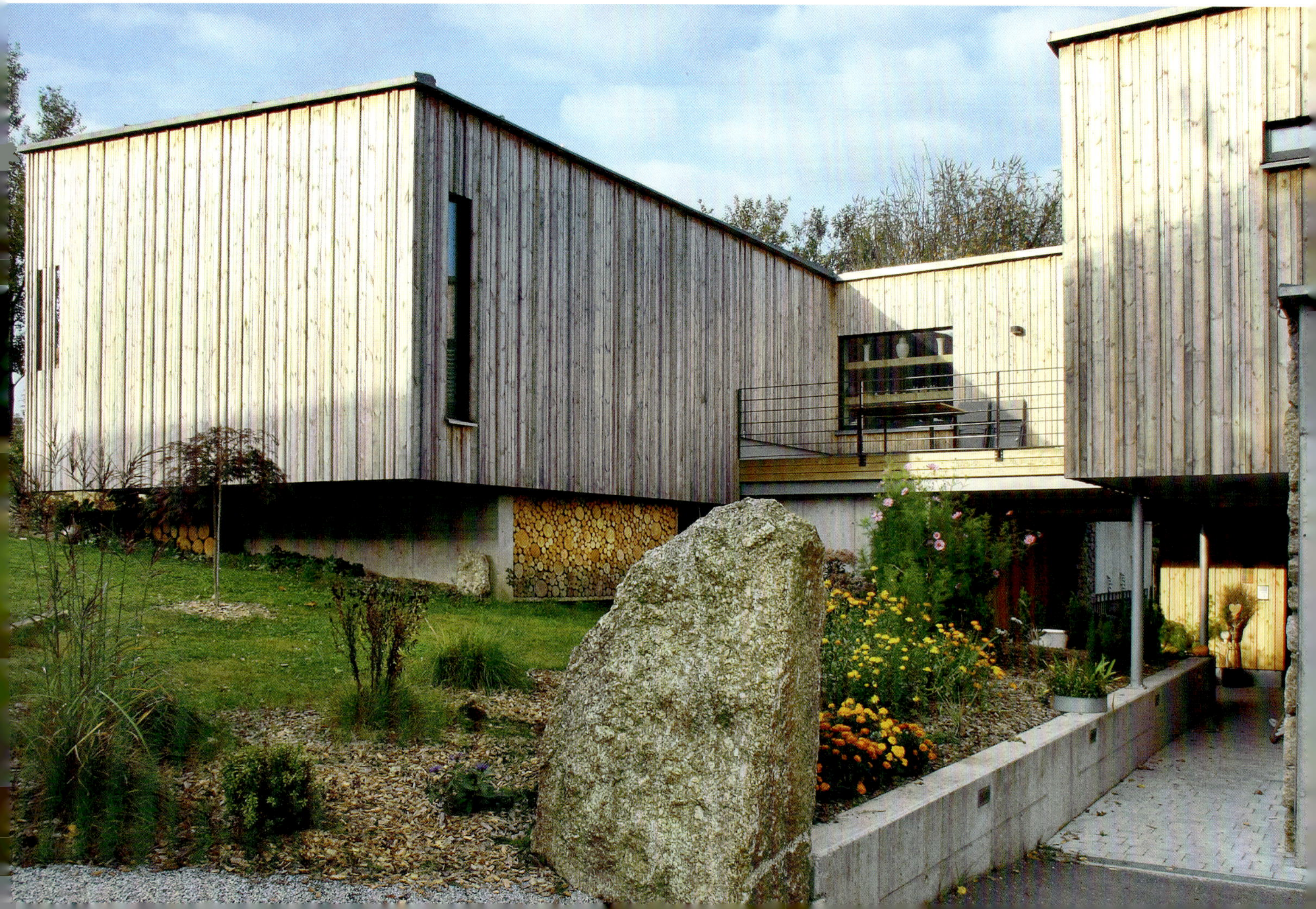

EIN MODERNER DREISEITHOF

Architekt DI Horst Zauner | A – Wien

Die Umgebung dieses Wohn- und Atelierhauses bildet ein noch intaktes Dorf aus frei stehenden Häusern, die zum Großteil zu landwirtschaftlichen Betrieben gehören. Auch auf diesem Bauplatz, einer freien Wiese am Ortsrand, stand zuvor ein typischer Waldviertler Dreiseithof, ein kleines Ausgedingehaus mit Scheune. Maßgeblich für den Entwurf war, die dörfliche Struktur zu respektieren und sich an das vertraute Bild der ehemaligen Bebauung anzulehnen – allerdings ohne den „Stallgeruch" einer bäuerlichen Niederlassung architektonisch nachzuahmen, sondern in einer zeitgenössischen Bauauffassung.

Der Wohnraum schaut nach Süden, die Bibliothek bildet den Durchgang zum Atelier, dem Arbeitsplatz des Bauherrn.

So wurde das Bild des Dreiseithofs modern interpretiert: Die dem Ort zugewandte Seite wurde als Massivbau aus unregelmäßig gebrochenen Natursteinen mit kleinen Fensteröffnungen errichtet, darauf liegt ein mit Blech gedecktes Satteldach. Die Rückseite entspricht ebenfalls dem alten Bild, hier schließt anstelle der Scheune ein Holzbau mit sägerauer Brettschalung an. Darunter verbirgt sich eine Konstruktion aus Vollholz und Brettschichtholz.

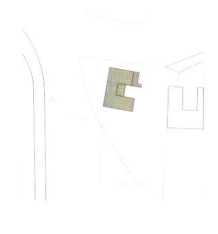

Links: Der Innenhof mit seiner Terrasse bildet das Zentrum des Hauses. Dahinter liegt die Küche; von hier lässt sich der Eingang überblicken.

Janusköpfig zeigt sich das Haus zur Dorf- und Feldseite: mit Bruchsteinmauerwerk und rauer Brettschalung.

Der Grundriss zeigt auf den ersten Blick, dass großer Wert auf eine Verbindung von innen und außen gelegt wurde. Die sich überschiebenden, um einen Zugangshof lagernden Baukörper bieten auf beiden Ebenen Freisitze und Terrassen, deren ungestörte Qualität sich auch durch die Hanglage des Hauses ergibt. Sie liegen geschützt nach den bevorzugten Himmelsrichtungen, so dass man im Lauf des Tages wechselnd Anteil an der Umgebung und dem Wetter nehmen kann. Zwei Sichtachsen durchkreuzen das Haus, treffen sich in Küchennähe und inszenieren vor allem den unverbaubaren Ausblick nach Süden über die Felder.

Das Konzept des Dreiseithofs ist nicht nur eine Reminiszenz an die dörfliche Vergangenheit, es umschreibt auch vorzüglich die neuen Nutzungen. Im tiefer reichenden Erdgeschoss ist eine Einliegerwohnung eingerichtet, im hangseitigen Trakt gegenüber sind Haustechnik, Lager und ein (vorhandener) Erdkeller eingegraben.

Im Obergeschoss wohnt die Bauherrschaft, deren Zimmer durch die Hoforganisation sich deutlich in Schlaf- und Wohnbereich trennen. Über eine Bibliothek schließt ein Grafikatelier als Arbeitsplatz an. Auch im Inneren ist das Material Holz bestimmend. Lehmputz und Zellulosedämmung entsprechen einer ökologisch sensiblen Bauweise.

Oben: Über die Küchenterrasse (links) kann man zum Eingang sehen.

Der nachempfundene Dreiseithof wird bestimmt durch eine ideale Verteilung der Funktionen in den Innenräumen und eine enge Verbindung zum Außenraum. Nach allen Seiten gibt es Loggien und geschützte Freisitze.

Im Stiegenhaus lässt sich die Bauweise des Hauses ablesen: Die Natursteinmauer gehört zur Dorffassade im Norden, das Bücherregal nimmt schon die Holzkonstruktion zur Feldseite im Süden vorweg.

LÄNGSSCHNITT
M 1:200

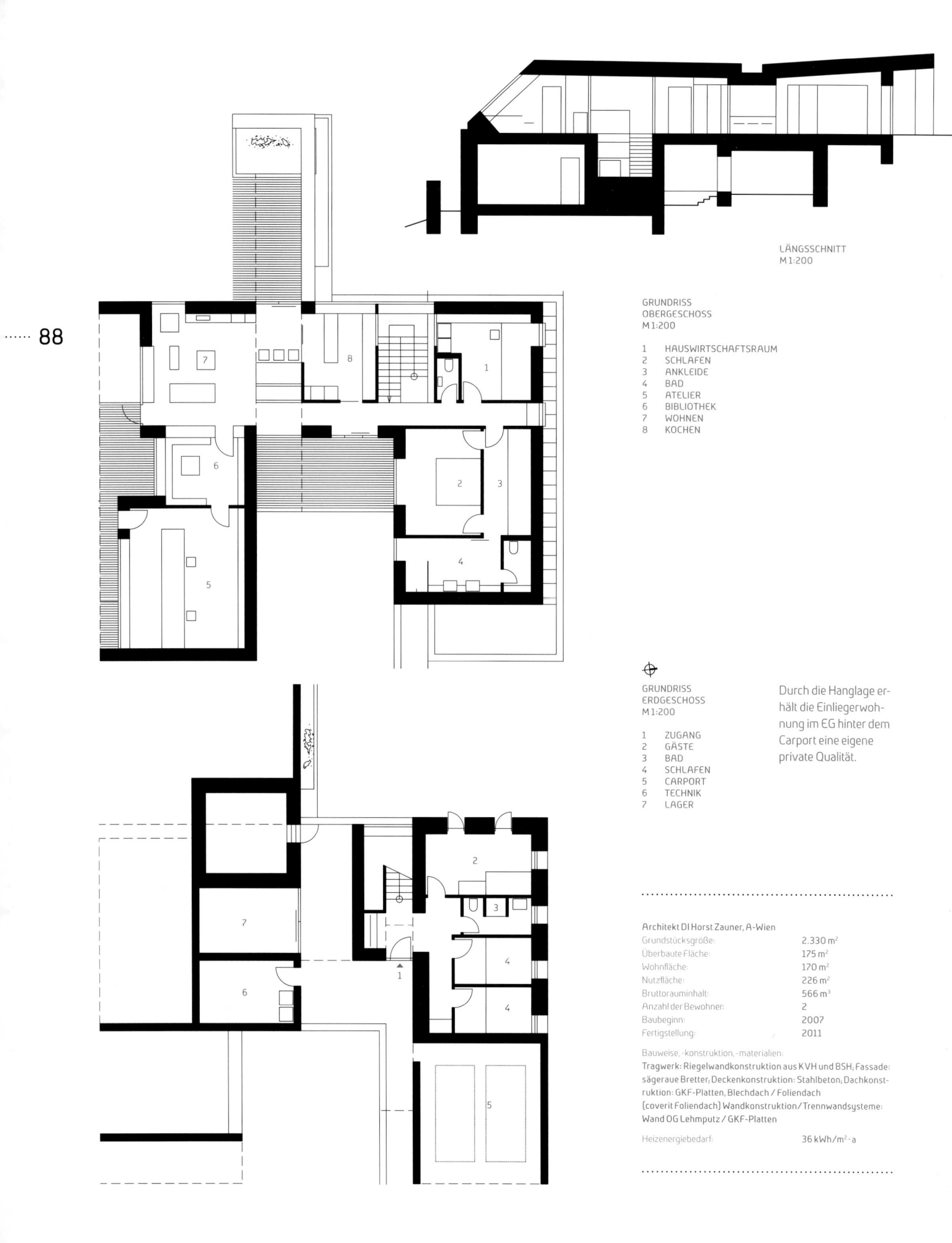

GRUNDRISS
OBERGESCHOSS
M 1:200

1   HAUSWIRTSCHAFTSRAUM
2   SCHLAFEN
3   ANKLEIDE
4   BAD
5   ATELIER
6   BIBLIOTHEK
7   WOHNEN
8   KOCHEN

GRUNDRISS
ERDGESCHOSS
M 1:200

1   ZUGANG
2   GÄSTE
3   BAD
4   SCHLAFEN
5   CARPORT
6   TECHNIK
7   LAGER

Durch die Hanglage erhält die Einliegerwohnung im EG hinter dem Carport eine eigene private Qualität.

Architekt DI Horst Zauner, A-Wien

Grundstücksgröße:	2.330 m²
Überbaute Fläche:	175 m²
Wohnfläche:	170 m²
Nutzfläche:	226 m²
Bruttorauminhalt:	566 m³
Anzahl der Bewohner:	2
Baubeginn:	2007
Fertigstellung:	2011

Bauweise, -konstruktion, -materialien:
Tragwerk: Riegelwandkonstruktion aus KVH und BSH; Fassade: sägeraue Bretter; Deckenkonstruktion: Stahlbeton; Dachkonstruktion: GKF-Platten, Blechdach / Foliendach (coverit Foliendach) Wandkonstruktion/Trennwandsysteme: Wand OG Lehmputz / GKF-Platten

Heizenergiebedarf: 36 kWh/m² · a

89

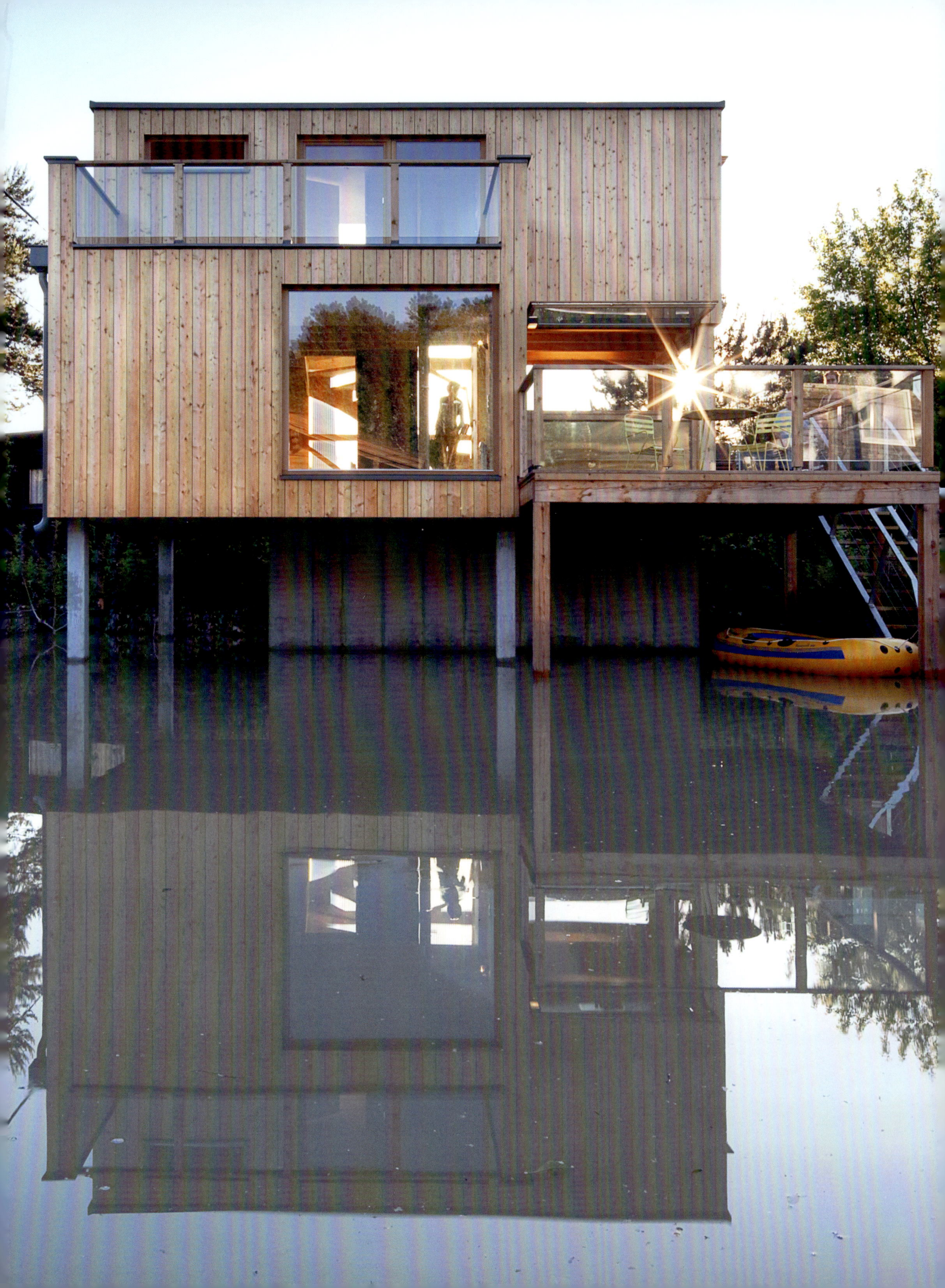

EIN KLEINGARTENHAUS IN KLOSTERNEUBURG

Schuberth und Schuberth ZT KG | A – Wien

Um auf die häufig auftretenden Überschwemmungen zu reagieren, hat jede Generation für die Bebauung der historischen Strandbadsiedlung am Donauufer eine eigene Gebäudetypologie entwickelt. Dieses kleine Stelzenbauwerk ersetzt ein älteres Kleingartenhaus, das dafür abgebrochen wurde. Eine andere Bedingung war, dass das neue Haus für eine junge Familie eine bezahlbare Herberge sein sollte, die vornehmlich während des Sommers bewohnt würde – für eine spätere Nutzung im Winter wurden allerdings schon notwendige Nachrüstungen vorgesehen.

Entsprechend der prekären Lage steht das Haus auf einem wasserundurchlässigen Betonsockel, über den es, von zusätzlichen Stützen stabilisiert, mit seinen zwei Obergeschossen nach allen Seiten auskragt. Terrassen zum Fluss erweitern die auf 35 Quadratmeter beschränkte Grundfläche und verleihen dem Wohnhaus die besondere Qualität eines Feriendomizils.

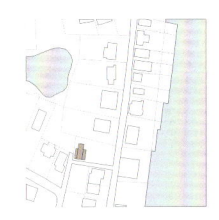

Links: Hochwasser! Die Treppe zum Wohndeck ist nur mit dem Boot erreichbar.

Die Tür lässt die niedrige Raumhöhe erkennen. Filzvorhänge verbergen die Utensilien des Schrankturms, das Treppenhaus wird durch die matten Stegplatten zum lichten Gehäuse.

Die Wohnebene erreicht man über eine Außentreppe auf + 3 Meter. Das darunter in der betonierten Wanne eingerichtete Bad lässt sich nur über die Innentreppe von oben erreichen, belichtet wird es durch Öffnungen im Terrassendeck. Neben einem Wohn-/Esszimmer bildet die Küche den originellen Mittelpunkt des Sommerhauses; bei schönem Wetter lassen sich die Klappfenster aufstellen, und der Tresen kann von innen und außen benutzt werden. Diese Raumökonomie setzt sich in dem nur 2 Meter hohen Schlafgeschoss fort. Hier ergaben sich die Maße für die beiden Kammern aus der Größe der Betten. Eine steile Holztreppe verbindet die Ebenen, Doppelstegplatten geben dem Stiegenhaus ein eigenes Gehäuse.

Von den in Frage kommenden Bauweisen entschieden sich die Architekten für eine vorgefertigte Holzrahmenkonstruktion. Zur Raumseite wurden die Dreischicht-Fichtentafeln unverkleidet belassen, sichtbar verschraubt und geölt. Nach außen sind die tragenden 8/16-Pfosten aus KVH mit OSB-Tafeln beplankt, dazwischen liegt eine Mineralwolledämmung. Über der Hinterlüftung schließt nach außen eine gehobelte vertikale Lärchenschalung ab. Die im Gefälle verlegten Deckenbalken und Unterzüge konnten teilweise sichtbar bleiben.

Schränke, Kästen, Regale und Betten wurden direkt vom Zimmerer ausgeführt. Die Wandeinbauten bilden ein funktionales Rückgrat, das Stiege und Wohnraum trennt. Die Fronten sind mit grauem Naturfilz verhängt.

Das Bad im hochwasserfesten Sockel. Die Wände vor der Betonschale sind mit Schaltafeln verkleidet, das Licht kommt aus Oberlichtern.

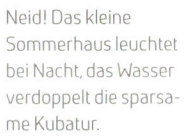

Neid! Das kleine Sommerhaus leuchtet bei Nacht, das Wasser verdoppelt die sparsame Kubatur.

Aus dem Bettenmaß ergab sich die minimal mögliche Raumgröße, die Schränke sind mit schweren „Schiebevorhängen" versehen.

Der blaue Kautschukestrich soll mit seiner Hammerschlagoberfläche an das Wasser vor der Tür erinnern (das überflutet die Umgebung allerdings manchmal als eher grautrübe Brühe).

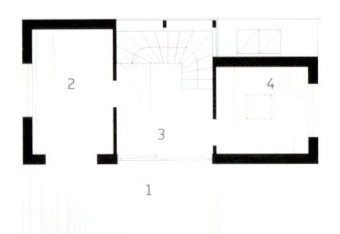

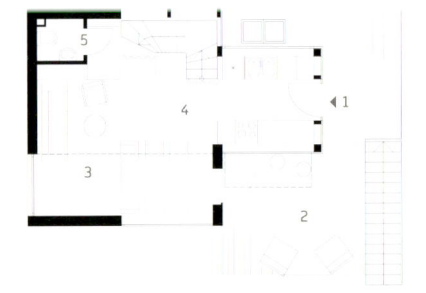

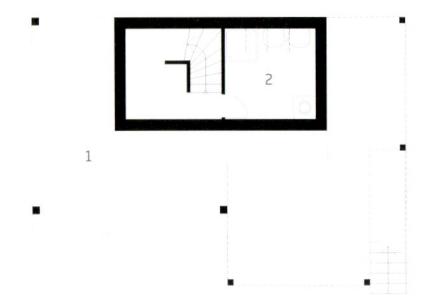

Yachtfeeling: Bei Sonne klappt man das Fenster nach außen, und die Küche wird zum Mittelpunkt des kleinen Hauses.

**GRUNDRISS
2. OBERGESCHOSS
M 1:200**

1 TERRASSE
2 KIND
3 ANKLEIDE
4 SCHLAFEN

**GRUNDRISS
1. OBERGESCHOSS
M 1:200**

1 ZUGANG
2 TERRASSE
3 WOHNEN/ESSEN
4 KOCHEN
5 WC

**GRUNDRISS
ERDGESCHOSS
M 1:200**

1 ABSTELLRAUM
2 BAD

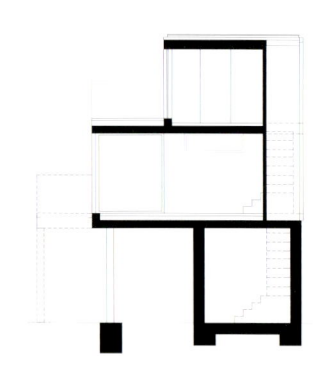

**LÄNGSSCHNITT
M 1:200**

Schuberth und Schuberth ZT KG, A-Wien

Grundstücksgröße:	275 m²
Überbaute Fläche:	35 m²
Wohnfläche:	
Wohnebene:	29,22 m²
Schlafebene:	18,38 m²
Betonsockel (auf Geländeniveau):	9,10 m²
Nutzfläche (auf drei Ebenen):	56,70 m²
Bruttorauminhalt:	186,85 m³
Anzahl der Bewohner:	4
Baubeginn:	2009
Fertigstellung:	2010

Bauweise, -konstruktion, -materialien:
Teilweise vorgefertigte Holzriegelelemente, innen beplankt mit großformatigen Fichte-3-Schicht-Bauplatten, Holztramdecken, hinterlüftete Außenfassade mit vertikal angeordneten gehobelten Lärchebrettern verkleidet, Betonwände im Bad roh und ohne Behandlung, tlw. mit Siebdruckplatten (Phenolharzplatten) verkleidet

Baukosten gesamt (ohne MwSt.) (KG 300 + 400 HOAI):	149.139 €
Baukosten je m²:	
Wohnfläche (ohne MwSt.):	3.133 €
Nutzfläche (ohne MwSt.):	2.630 €

Die Schlafkammer für die Kinder. Abenteuer finden draußen statt.

Von der Seite wirkt die hölzerne Stellage wie ein überdimensionaler Starenkasten.

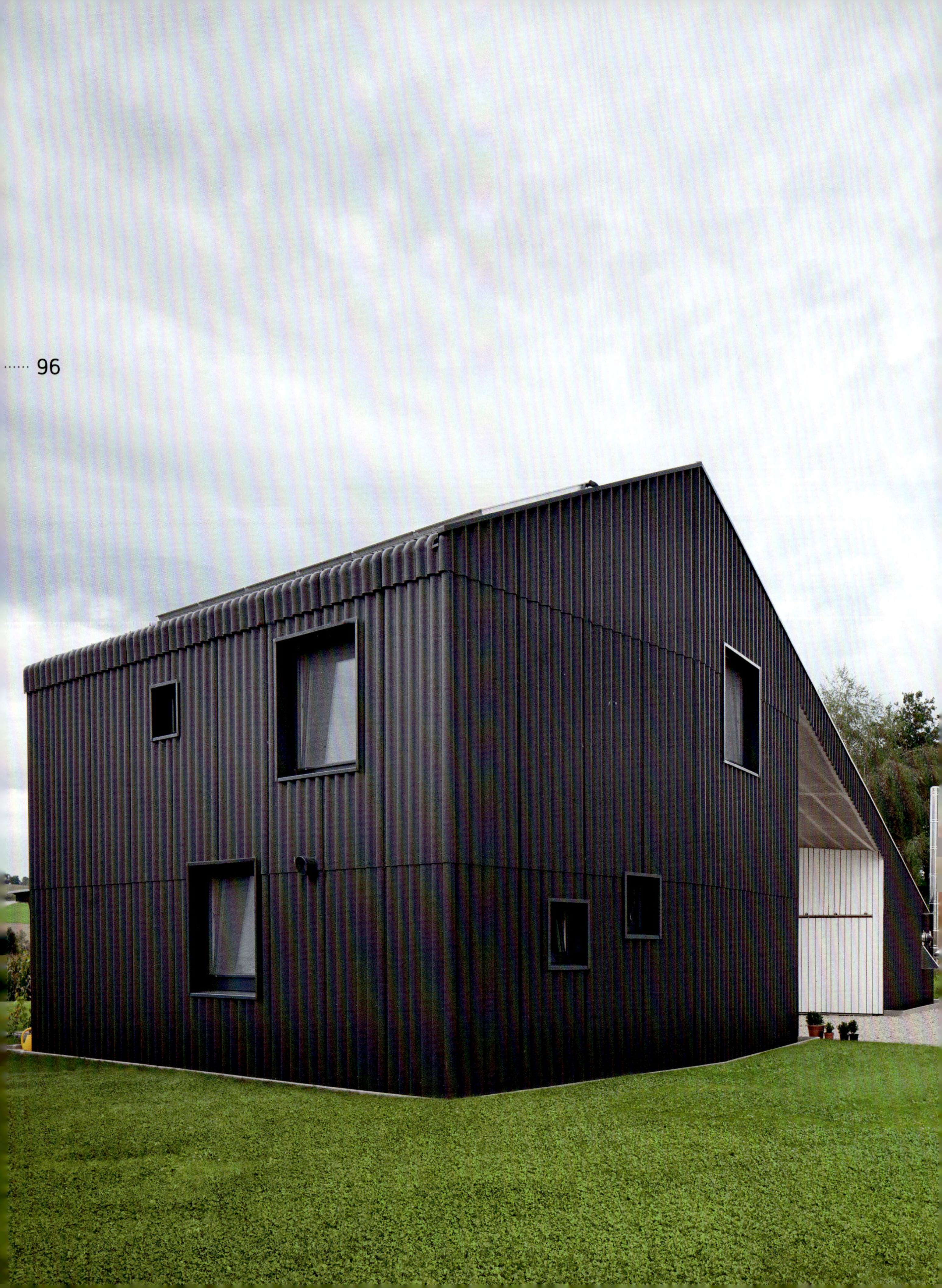

EIN LÄNDLICHES HAUS IN GUNSKIRCHEN

X architekten | A – Wien

Die junge Bauherrschaft hatte ungefähre Vorstellungen von ihrem zukünftigen Haus, außerdem erwartete sie, wie sich die Architekten amüsiert erinnern, „sportlich geringe Baukosten". Aber damit waren sie genau bei den richtigen angekommen. Xarchitekten sind offen für das Ungewöhnliche, sie sind ein Team mit flacher Hierarchie, das Kreativität mit (Selbst-)Kritik verbindet und sich konzeptionell dem Ziel nähert. Jetzt hieß es, ein schlankes Raumprogramm mit unüblichen Lösungen bei Material, Konstruktion und Oberflächenausführung zu verbinden. Es galt wegzulassen, ohne die Architektur aufzugeben.

Das Grundstück liegt in einem Flecken in der Nähe von Wels in Oberösterreich. Hier prägt der sogenannte Einspringerhof das Hausruckviertel. Die Auseinandersetzung mit dieser typischen Gehöftform bestimmte den Entwurf. Trotz der überschaubaren Größe der Aufgabe gelang es, mit einer modernen Interpretation des Satteldachs ein Wohnhaus mit Nebengebäude zu entwickeln, das als monolithischer Solitär das 1.000 Quadratmeter große Grundstück besetzt. Wand- und Dachverkleidung sind aus gewellten, dunklen Faserzementtafeln ausgeführt. Sie lassen das Haus wie ein Schatten auf die Bebauung der Umgebung antworten.

Links: Ohne folkloristische Anbiederung orientiert sich das kleine Haus an der typischen Bauernhofarchitektur der Region.

Es übersetzt die Motive des landwirtschaftlichen Gehöfts in funktionale Elemente des Wohnungsbaus.

Im Nebengebäude, das durch das alles verbindende Dach trockenen Fußes erreicht werden kann, sind Pelletslager, Heizung und Kellerersatzraum untergebracht. Das Haupthaus, das sich aus der gespreizten Fassadenflucht des Schuppens entwickelt, ist äußerst ökonomisch angelegt: im Erdgeschoss gibt es neben sparsamen Funktionsflächen einen offenen Großraum für Wohnen, Essen, Kochen. In einer Hauswirtschaftskammer steht der Wohnraumentlüftungsapparat, es handelt sich um ein Niedrigenergiehaus. Das Obergeschoss ist bis unter das Satteldach offen; ein breiter Flur wird zur Zeit zum Musizieren genutzt, abgeschlossen sind Bad, Elternzimmer und ein Gäste-/Kinderzimmer.

Vom Wohnraum führt die offene Treppe nach oben, die weiß geölte Balkendecke ist sichtbar belassen.

Aus verschiedenen Gründen musste das Haus auf eine Bodenplatte aus Stahlbeton gestellt werden. Darüber folgt eine Holzrahmenkonstruktion. Die erwähnten Faserzementtafeln sind hinterlüftet über der Wärmedämmung montiert, auf Regenrinnen und Fallrohre wurde verzichtet: Das Wasser fließt über Dach und Wand einfach in den Traufschotter. Bis auf die Eckverglasung des Wohnraums sind die Fassaden nur von kleinen quadratischen Fenstern perforiert, was die monolithisch gedachte Konstruktion nicht stört. Der Erschließungshof bzw. Carport ist weiß ausgekleidet. Die Innenwände sind mit weiß geölten Seekiefertafeln beplankt, die Decken zeigen ebenfalls weiß geöltes Fichtenholz. Die Böden wurden mit einem Zementestrich gespachtelt.

Nur der Wohnraum darf die monolithische Box durch eine großzügige Eckverglasung unterbrechen.

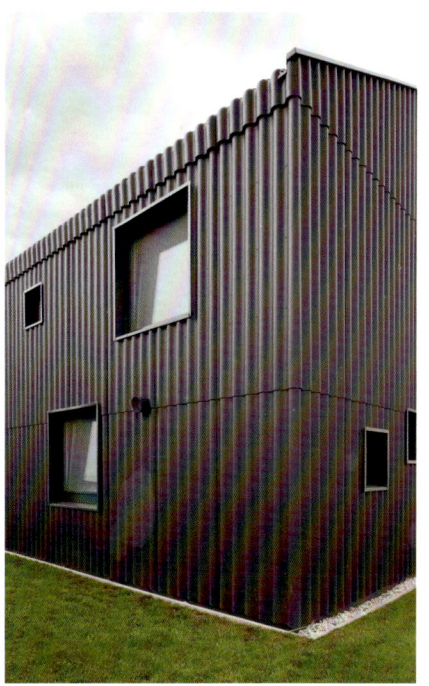

Lange schien das in den Sechzigerjahren im Industriebau populäre Material vergessen, hier wurden die Faserzementwellen für eine kostengünstige Fassadenkonstruktion entdeckt. Auf Regenrinnen und -rohre konnte man verzichten.

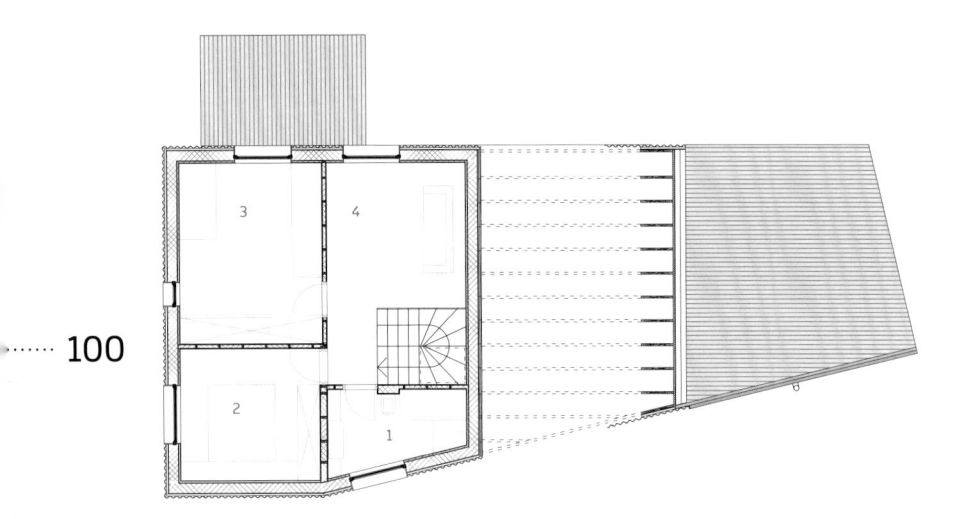

GRUNDRISS
OBERGESCHOSS
M 1:200

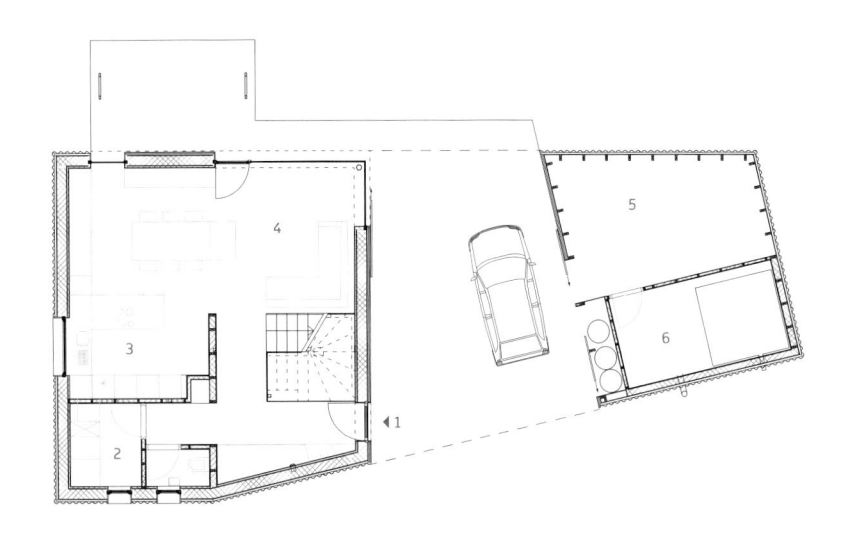

1 BAD
2 SCHLAFEN
3 ARBEITEN
4 BIBLIOTHEK

100

GRUNDRISS
ERDGESCHOSS
M 1:200

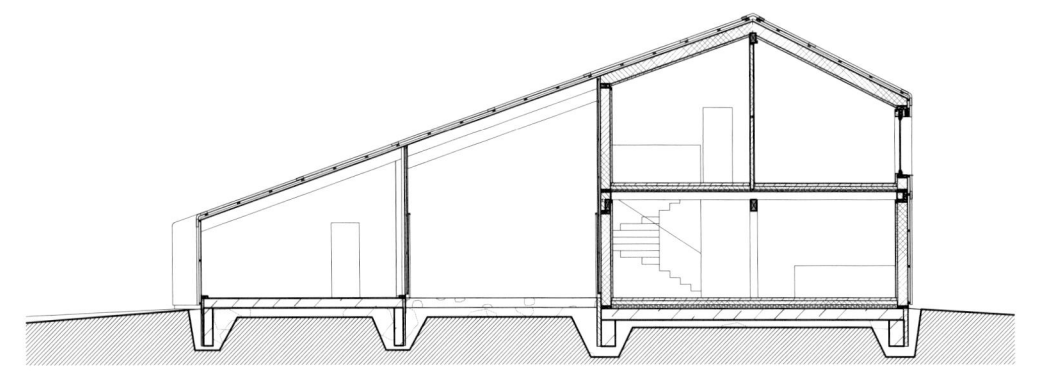

1 ZUGANG
2 LAGER
3 KOCHEN
4 ESSEN/WOHNEN
5 LAGER
6 TECHNIK

LÄNGSSCHNITT
M 1:200

Kleine quadratische Öffnungen bestimmen die dunkle Fassade, die ihren Charme von den schmucklosen Details aus dem Industriebaukasten erhält.

X architekten, A-Wien
Grundstücksgröße:	940 m²
Überbaute Fläche:	156 m²
Wohnfläche:	115 m²
Nutzfläche:	115 m²
Nebengebäude:	27 m²
Bruttorauminhalt:	627,4 m³
Anzahl der Bewohner:	3
Baubeginn:	2009
Fertigstellung:	2010

Bauweise, -konstruktion, -materialien:
Bodenplatte und Senkgrube: Stahlbeton;
Hochbaukonstruktion: Holz-Riegel-Bauweise;
Wandaußenflächen und Dach: hinterlüftete
Faserzement-Wellplattenverkleidung

Baukosten gesamt (KG 300 + 400 HOAI):	200.000 €
Baukosten je m²:	
Wohnfläche:	1.739 €
Nutzfläche:	1.408 €
Heizenergiebedarf:	22 kWh/m² · a

...... 102

CASA C
IN RECKINGEN

camponovo baumgartner architekten | CH – Bern

Architekturinteressierte Besucher der Baumesse 2013 in München werden das Haus schon entdeckt haben. Es war in die engere Wahl bei der Prämierung einer Fachzeitschrift zum Thema „Das erste Haus" gekommen. Und es fiel sofort auf: mit seinen in die schwarz gewordene Strickbaufassade unregelmäßig gestanzten Öffnungen, die verraten, dass es sich um ein einfaches altes Haus handelt, das für eine neue, höherwertige Nutzung umgebaut wurde und die sichere Balance zwischen Erhaltung und komfortabler Neuinterpretation sucht.

Im Gegensatz zur rauen schwarzen Hülle wurde der Innenraum mit hellem Birkensperrholz ausgeschlagen. Hinter den gelochten Flächen verbergen sich die Heizkörper.

Die Ahnung sollte sich bestätigen. Das Gebäude, eine ehemalige Doppelstall-Scheune, steht in Reckingen im Goms, in einer für das Oberwalliser Hochtal typischen Streusiedlung. Der rund hundertjährige Blockholzbau war entsprechend der kleinteiligen Parzellierung durch eine Mittelwand geteilt. Nachdem die Nutzung für Tiere durch neue Vorschriften und den Strukturwandel des Unterdorfs ausgeschlossen war, bot sich die Umnutzung zu einem Wohnhaus an.

Links: Unauffällig bleibt das Stall- und Scheunengebäude im Dorfensemble erhalten. Erst beim Näherkommen erkennt man die Veränderung der Öffnungen als Indiz für die Umnutzung.

Hinter der alten Stallfassade liegt die neue Außenwand, die sich mit über zwei Geschosse reichenden Wohnlauben zu dem denkmalwerten Stallgehäuse öffnet.

Die Bibliothek als Rückzugsort mit eigenem Cheminée.

Der unbeheizte Holzkeller wurde stabilisiert, er ist nur von außen zugänglich.

Analog der historischen Aufteilung wurde die innere Trennung zwischen Heuboden (oben) und Stall (unten) beibehalten. Auf eine innere Verbindung von Wohnraum und Sockelgeschoss wurde verzichtet. Die traditionelle Außentreppe erhielt lediglich ein Geländer, was zu grundsätzlichen Diskussionen über die Einhaltung der Ortsbildsatzung führte. Die beiden Scheunenhälften wurden mit zwei Durchbrüchen durch die Mittelwand verbunden.

Der beheizte Wohnbereich springt auf jeder Seite einmal von den bestehenden Außenwänden zurück. Es entstehen zwei offene, gebäudehohe Wohnlauben, die die Dimension des alten Heubodens und seine Materialität zeigen. Die inneren Fassaden wurden großflächig verglast, um den Wohnraum optisch bis an die äußere Begrenzung zu erweitern und um einen Bezug von Neubau und Altbau herzustellen. Zu den vorhandenen großen Lüftungsöffnungen kamen kleine Fenster im Format 70 x 70 Zentimeter hinzu.

Der gemeinsame Wohnraum wurde als eine in Breite und Höhe wechselnde Passage mit Plateaus und Nischen für unterschiedliche Verweilmöglichkeiten gestaltet. Drei Schlafkammern sind an den Wohnraum angegliedert.

Der Neubau ist so weit möglich aus Holz errichtet. Als Kontrast zu dem dunklen Lärchenholz wurden die Wände und Decken einheitlich mit edelfurniertem Birkensperrholz verkleidet. Die Böden sind aus einheimischen Lärchenriemen gefertigt, das Dach mit handgespaltenen Lärchenschindeln gedeckt. Sämtliche Oberflächen blieben unbehandelt und sind einem natürlichen Alterungsprozess ausgesetzt. Außer der Wärmepumpe unterstützt ein Kamin die atmosphärische Erwärmung, bei Abwesenheit bleibt das Haus im Winter auf +5 °C erwärmt.

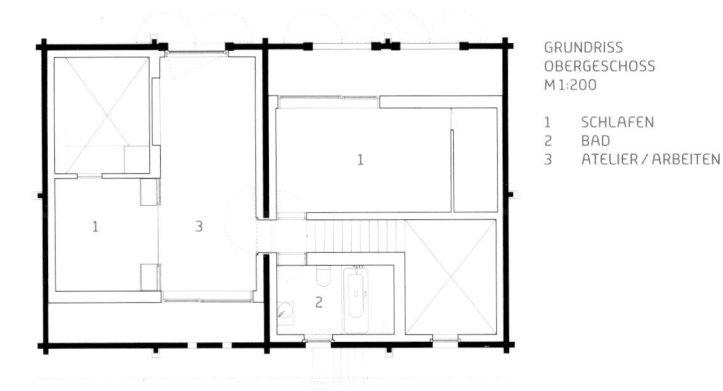

GRUNDRISS
OBERGESCHOSS
M 1:200

1 SCHLAFEN
2 BAD
3 ATELIER / ARBEITEN

Zwischen Küche und Wohnraum führt die Treppe aus dem hier doppelt hohen Essplatz nach oben. Auf dem Boden liegen unbehandelte, massive Lärchendielen.

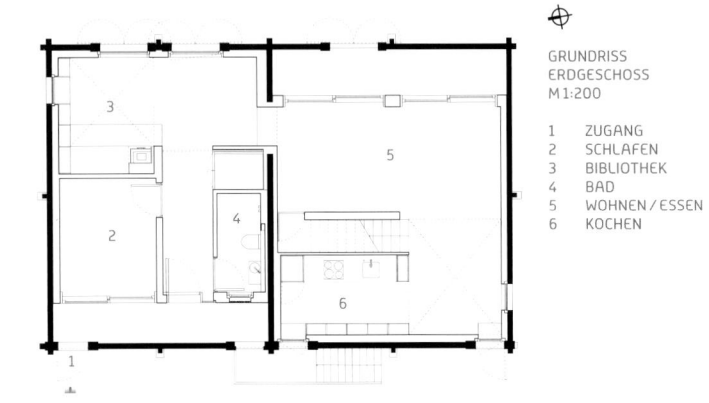

GRUNDRISS
ERDGESCHOSS
M 1:200

1 ZUGANG
2 SCHLAFEN
3 BIBLIOTHEK
4 BAD
5 WOHNEN / ESSEN
6 KOCHEN

camponovo baumgartner architekten, CH-Zürich
Grundstücksgröße: 244 m²
Überbaute Fläche: 104 m²
(inkl. Vordach 136 m²)
Wohnfläche: 114 m²
Nutzfläche: 209 m²
Bruttorauminhalt: 618 m³
Anzahl der Bewohner: 6 (max.)
Baubeginn: 2011
Fertigstellung: 2012

Bauweise, -konstruktion, -materialien:
Rohbau: Fichte; Vollholzdecken: Lärche/Fichte; Dacheindeckung: Schindeln Lärche handgespalten, 4-lagig; Wände: Ständerkonstruktion Fichte

Baukosten gesamt (BKP 2)
(Der Kanton Wallis subventioniert
30 % des Holzschindeldachs): 570.000 CHF
Baukosten je m² Geschossfläche: 2.050 CHF
Heizenergiebedarf: 343 MJ/m²
Heizwärmebedarf: 95,3 kWh/m²

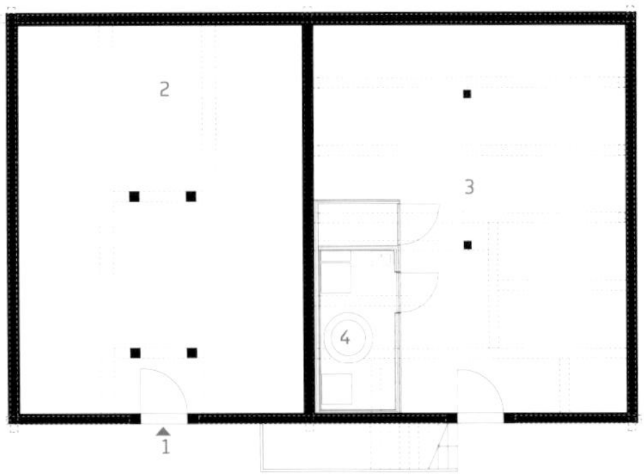

GRUNDRISS SOCKELGE-
SCHOSS
M 1:200

1 ZUGANG
2 LAGER
3 KELLER
4 TECHNIK

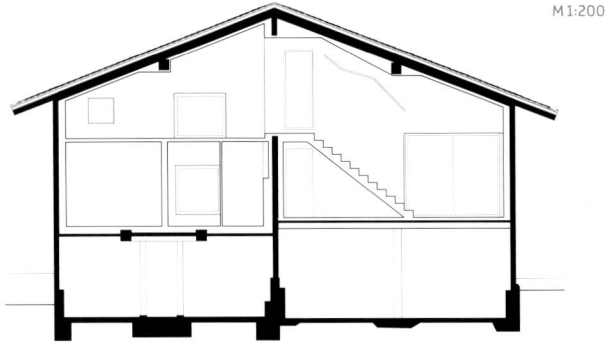

LÄNGSSCHNITT
M 1:200

Macht neugierig: die von innen erleuchtete alte Lärchenholzfassade, die um einige Öffnungen erweitert wurde.

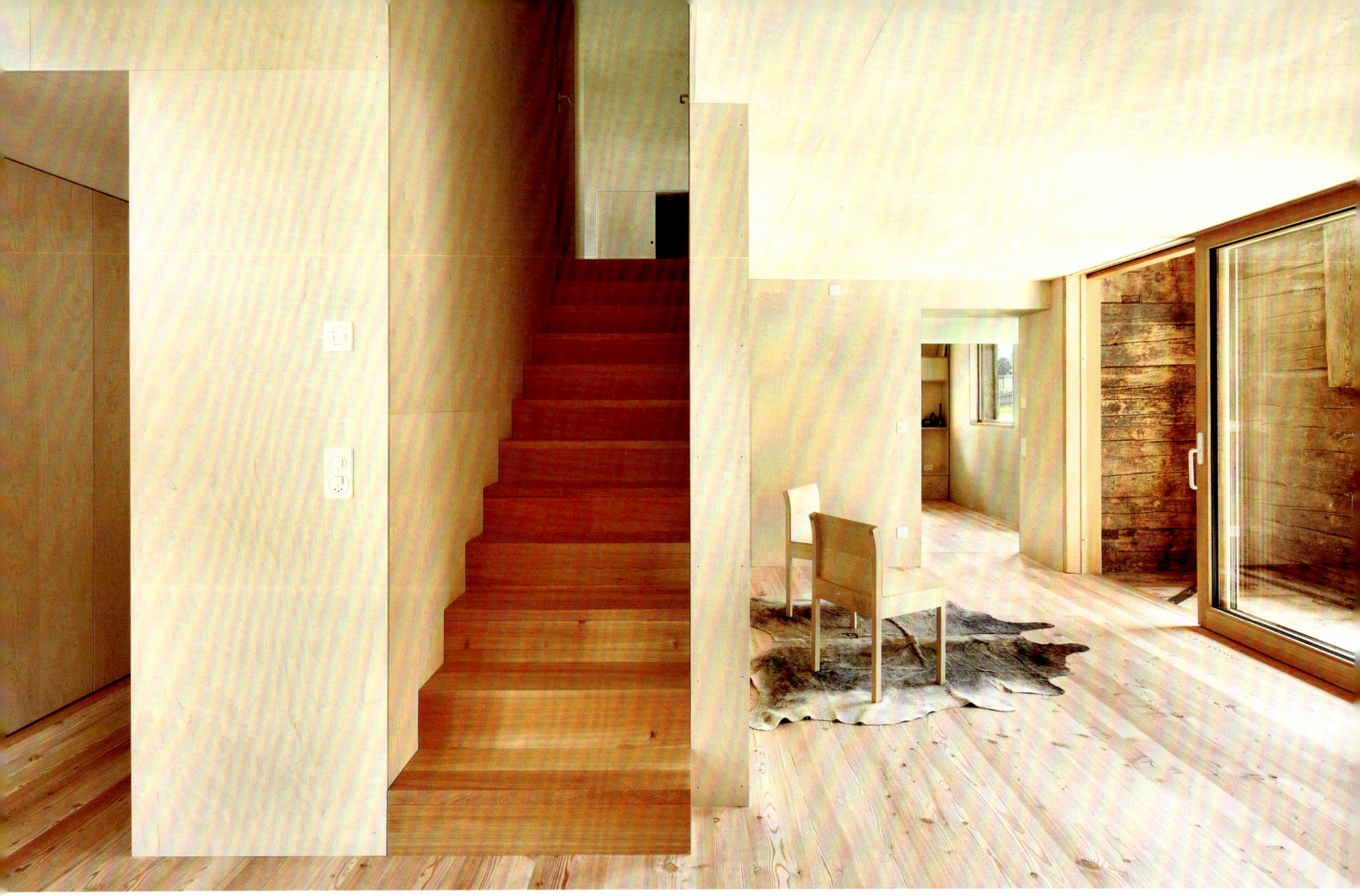

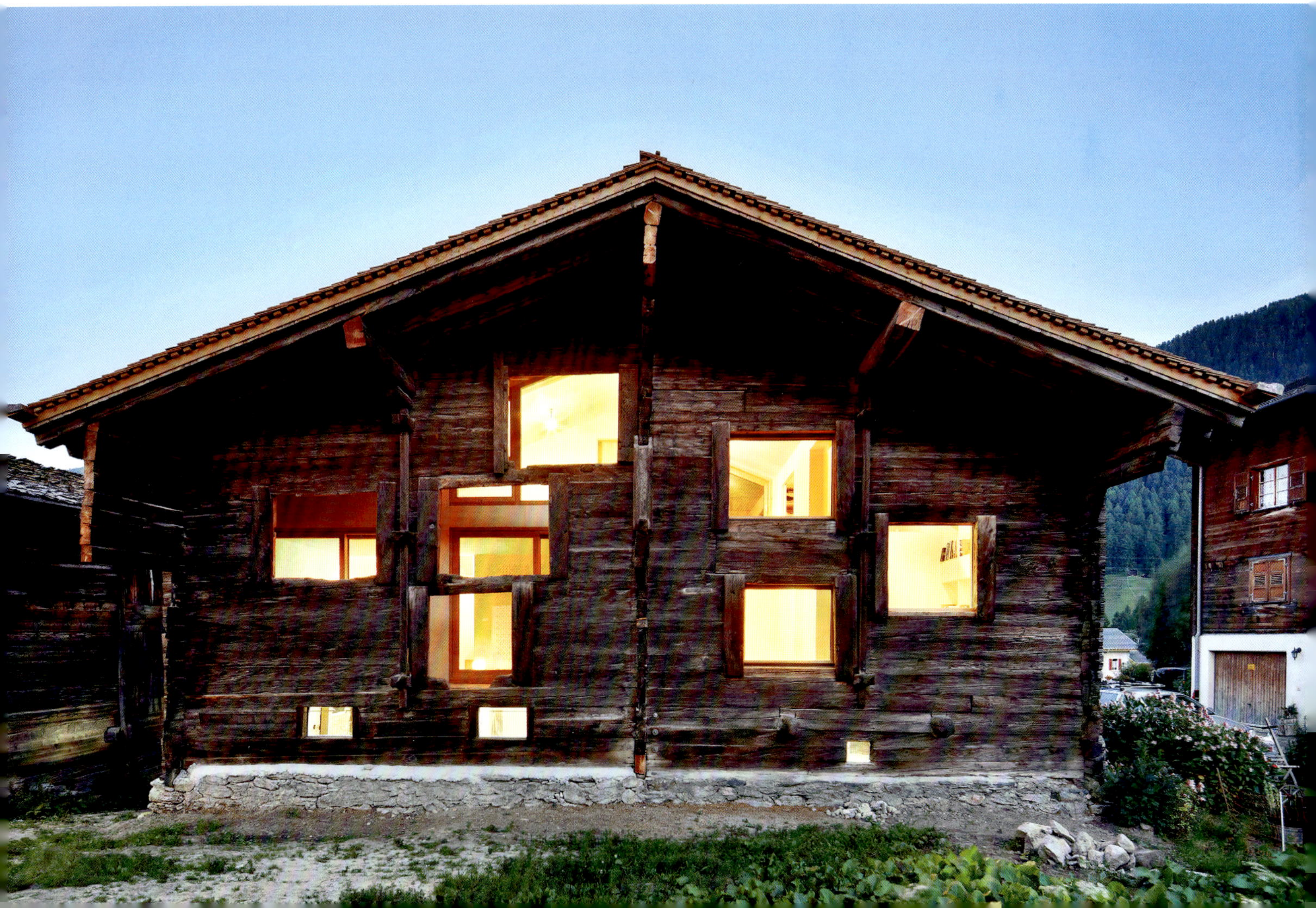

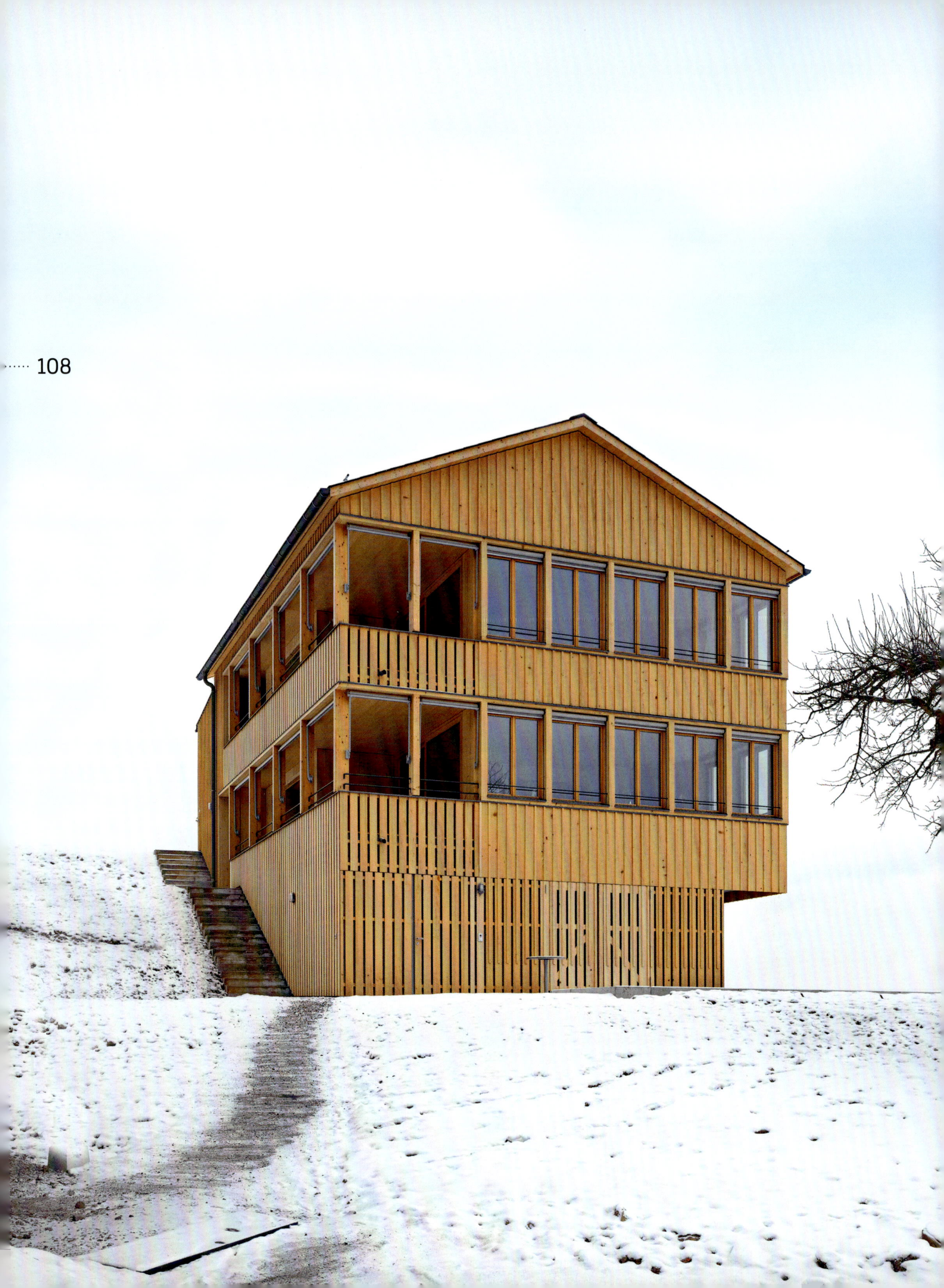

ZWEI
KLEINE WOHNUNGEN

Baumann Roserens | CH – Zürich

Das Haus lagert auf einer Hangkante und wirkt mit seinen drei Geschossen zur Talseite wie ein stattliches Anwesen. Im betonierten Sockel, dessen Fensteröffnungen und Türen hinter einer senkrechten, auf Lücke gesetzten Brettschalung verborgen sind, liegen ein Atelier, Abstell- und Technikräume. Darüber folgen zwei abgeschlossene Wohnungen. Durch ihre nach Süden gerichtete Fensterreihung und die seitliche Laube erinnert das Haus an eine klassische Sommerfrische-Pension.

Tatsächlich galt die restriktive Vorgabe, an Stelle eines baufälligen Bauernhauses ein „wesensgleiches" neues Gebäude zu errichten, das in seiner formalen Gestaltung in die Landwirtschaftszone passt und sich erst auf den zweiten Blick als moderner Holzbau zeigt. Die Befensterung und der Laubengang lehnen sich an die traditionellen Schwyzer Bauernhäuser an, übertragen in eine zeitgenössische Ausführung.

Die beiden Wohnungen werden über ein offenes Treppenhaus, das sich auf dem Zwischenpodest in voller Breite zur Wiesenlandschaft öffnen lässt, erschlossen. Es ist jeweils über eine Engführung vor einem erkerartigen Vorsprung mit einer Wohnterrasse verbunden.

Die Fensterstaffelung entspricht dem traditionellen Schwyzer Bauernhaus, die großflächig verglasten Schiebetüren fallen von außen durch die Laubenterrasse wenig auf.

Links: Die äußere Gestaltung des exponiert in der Landwirtschaftszone stehenden Wohnhauses sollte dem Bild der bäuerlichen Bauweise nahe kommen.

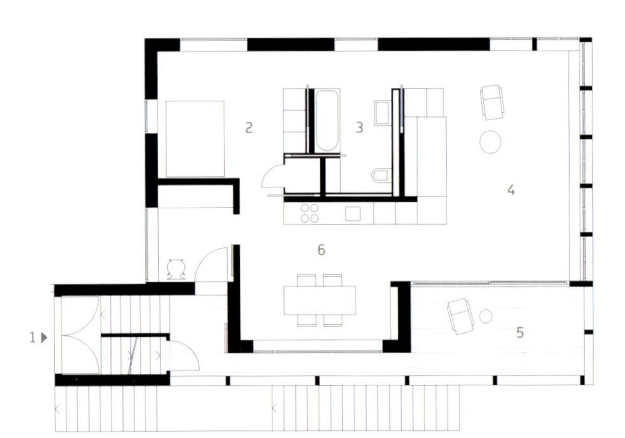

GRUNDRISS
ERDGESCHOSS
M 1:200

1 ZUGANG
2 SCHLAFEN
3 BAD
4 WOHNEN
5 TERRASSE
6 KOCHEN/ESSEN

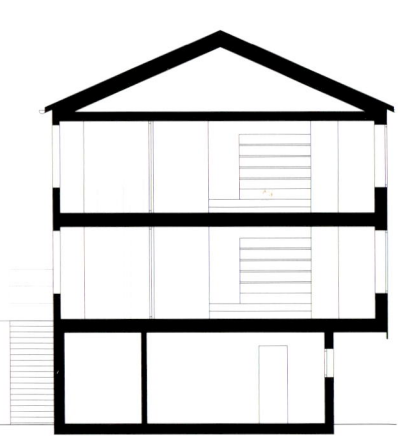

Zur Talseite der glazialen Moränen-Landschaft wirkt das Haus mit seinen beiden kleinen Wohnungen recht stattlich.

QUERSCHNITT
M 1:200

Baumann Roserens Architekten, CH-Zürich

Grundstücksgröße:	9.750 m²
Überbaute Fläche:	120 m²
Wohnfläche:	2 x 78 m² = 156 m²
Nutzfläche pro Wohnung:	78 m²
Terrasse pro Wohnung:	15 m²
Keller:	57 m²
Bruttorauminhalt:	1.000 m³
Anzahl der Bewohner pro Wohnung (2 Wohnungen):	1
Baubeginn:	2011
Fertigstellung:	2011

Bauweise, -konstruktion, -materialien:
Tragwerk: Holzbau; Fassade: Holzschalung, Holzfenster Fichte/Tanne; Dach: Holz, Eindeckung Eternit

Dadurch wird am Eingang ein Hinweis auf die privatere Fortsetzung des Laubengangs gegeben – ein Prinzip, das auch die Organisation der Grundrisse bestimmt. Sie werden als Raumkontinuum aufgefasst, aber durch schmale Durchgänge, die mit in den Wänden verschwindenden Schiebetüren vollständig abgetrennt werden können, entsteht eine ahnungsvolle Zonierung. Im Kern sind Sanitärräume und Abstellkammer angeordnet; darum herum schließen Küche und verschiedene Einbauten an. Dieser fließende Übergang zwischen den Funktionsflächen lässt den Grundriss größer erscheinen, gleichzeitig ergibt sich eine harmonische Ordnung, die durch frei platzierte Möbel nicht gestört wird.

Die Laubenterrasse lässt sich bei entsprechender Witterung durch große Schiebetüren als Wohnraumerweiterung nutzen. Die größeren (Dreifach-)Verglasungen zur Westseite fallen aber durch den vorgesetzten Laubengang wenig auf.

Alle Holzoberflächen sind innen aus Fichtenholz gefertigt; um ein Vergilben zu verhindern, wurden sie gelaugt und geseift. Als Kontrast dazu ist ein anthrazitfarbener Linoleumboden gelegt. Die Fassade ist mit Weißtannenbrettern und Deckleisten vertikal verschalt, als Dämmung dienen Zellulosefasern. Die offenfugige Verbretterung an Sockel und Laube kann als Spalier für Obstbäume und Staudenpflanzen verwendet werden.

Fließende Räume lassen die Wohnungen größer erscheinen. Im Zentrum steht ein Küchenblock, hinter dem sich das innen liegende Bad verbirgt.

Ein Erker schafft innen Platz für den Esstisch, nach außen trennt er Treppenhaus und Terrasse.

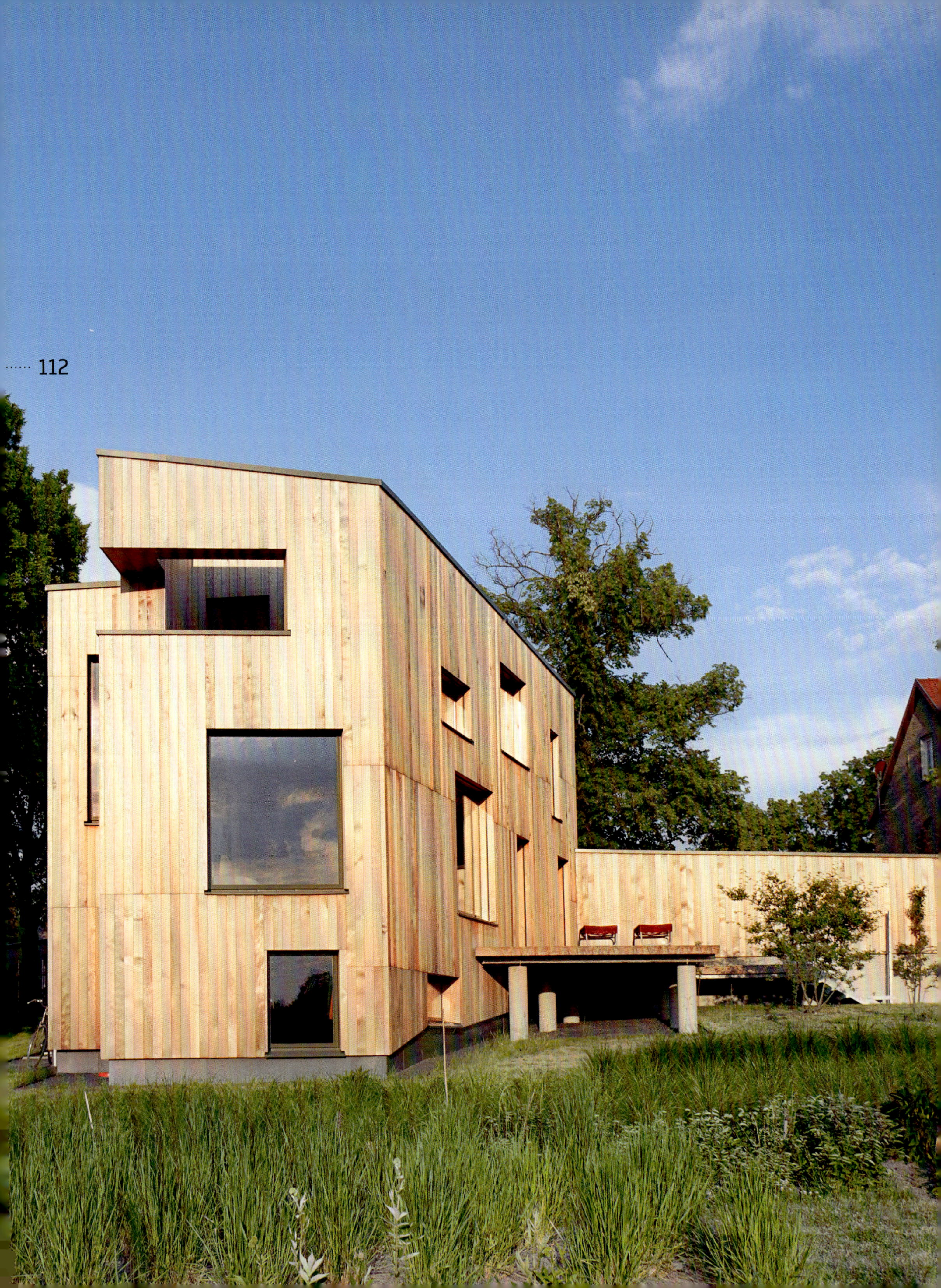

AUSSICHTSREICHES HAUS IN MÄRKISCH BUCHHOLZ

Dipl. Ing. Birgit Wessendorf | Berlin

Die Verwendung des nachwachsenden Materials Holz setzt auf dessen ökologische Qualität, seine leistungsfähige Statik und vor allem auf die Entwicklung industriell gefertigter, großformatiger Bauteile.

Dieser Entwurf orientiert sich an den in der Flusslandschaft der Dame häufig auftauchenden Aussichts- und Wildbeobachtungstürmen. Das Grundstück wendet sich im Westen zum Fluss, im Osten grenzt es an eine vielbefahrene Durchgangsstraße, die von einer Mischung aus unterschiedlichen Wohn- und Wochenendhäusern gesäumt wird. Auf die besondere Lage reagiert die Architektur mit einer hölzernen Lärmschutzwand: mit einem Verbindungssteg, der vom Haupthaus zu einem Geräteschuppen führt. Dadurch wird der Freiraum erweitert, die sich öffnenden Winkel der Gebäudekubaturen unterstützen die bevorzugte Aussicht. Das Wohnhaus selbst wirkt wie ein Turm mit wenigen Räumen, aber vielen unterschiedlichen Öffnungen.

Das Erdgeschoss besteht aus einem Allraum mit entsprechenden Nebenzonen wie Bad und Toilette. Der wichtigste Platz in dem schmal zulaufenden Raum ist eine erhöhte Sitz- und Liegenische vor dem großen Fenster Richtung Fluss.

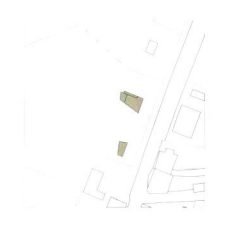

Im Obergeschoss verschwindet das Bett hinter einem turmartigen Regal. Die Matratze ist in die erhöhte Stufe eingelassen.

Links: Von der Westseite erkennt man die Intention des Entwurfs am besten. Im Hintergrund sieht man die Holzwand, die gegen den Straßenlärm abschirmt.

Die Loggia im Obergeschoss: Hier kann man im Sommer sogar unter freiem Himmel übernachten.

Im Zentrum steht ein Tischmöbel, an dem man stehen und sitzen kann. Es ist aus den Reststücken der Brettschichtholztafeln, die beim Herausschneiden der Fensteröffnungen abfielen, gefertigt. Die Kochnische liegt zurückgesetzt hinter der Wandflucht an der Nordseite, gegenüber öffnen sich die Türen zur Terrasse. Ein Kamin unterstützt atmosphärisch die über eine Wärmepumpe betriebene Fußbodenheizung.

Das Obergeschoss birgt den Schlafraum mit einem benachbarten Bad. Das Besondere ist eine zum Himmel offene Loggia, auf deren breiter Brüstung man sitzen kann; im Sommer lässt sich hier sogar im Freien übernachten. Für Gäste gibt es ein schmales Zimmer, dessen große Arbeitstische sich in Liegen verwandeln lassen.

Aus den Reststücken der Fichtensperrholztafeln wurden die stabilen Möbel gebaut, zum Beispiel die verschieden hohen Stellagen als Essplatz

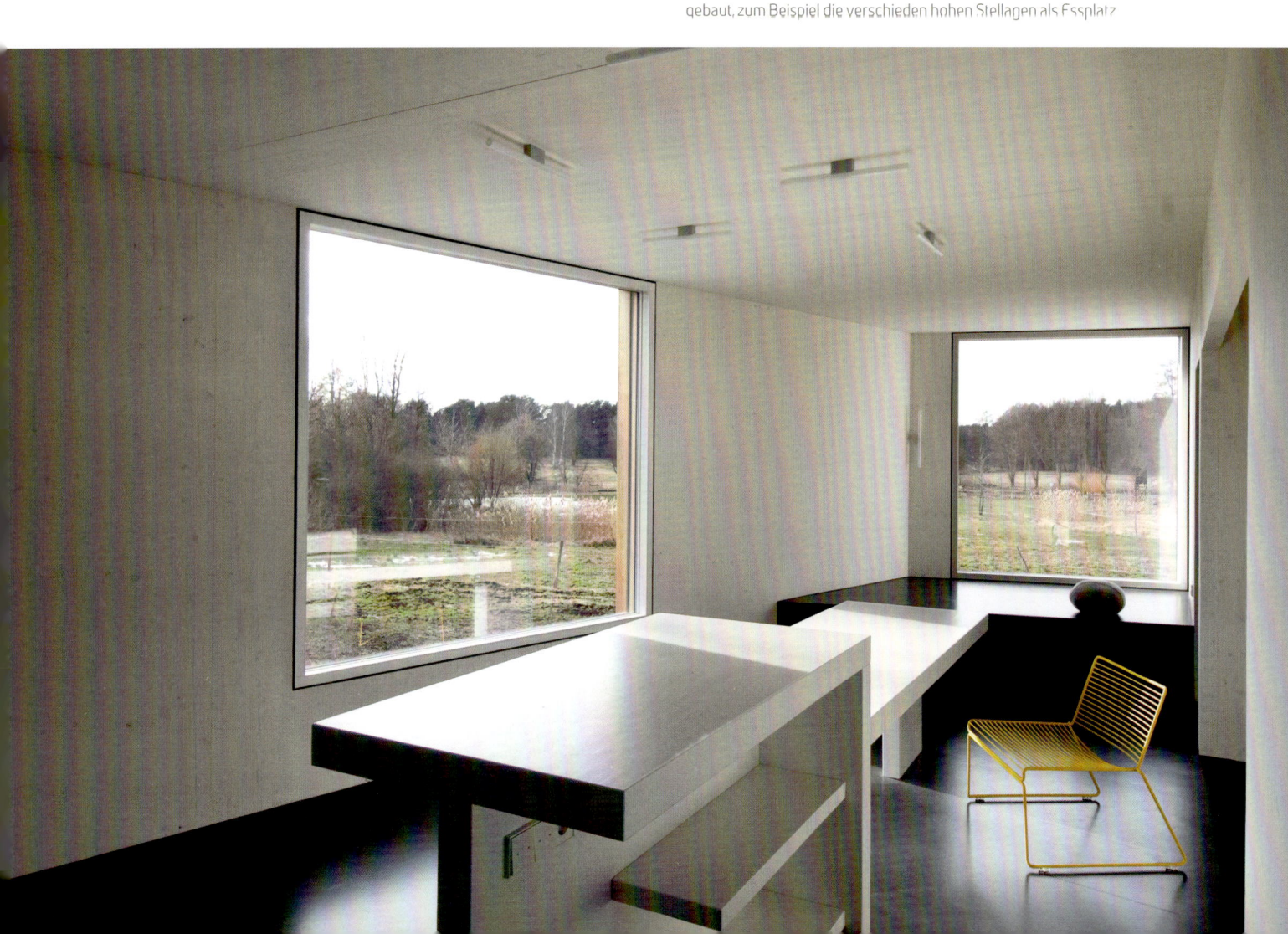

Die Konstruktion aus rasterunabhängigen Brettsperrholztafeln aus Fichte erlaubte die freie Planung mit montagefertigen Elementen, die sich innerhalb von zwei Tagen aufstellen ließen. Sie sind außen mit Zedernholzpaneelen im Wechselfalz beplankt. Zwischen Unterkonstruktion und tragenden Holztafeln wurde eine 20 Zentimeter dicke Dämmung aus Zelluloseflocken eingeblasen.

Die Rauminnenseiten der Sperrhölzer wurden lediglich weiß lasiert. Der Boden ist mit einem Heizestrich ausgelegt, den ein dunkelgrauer Magnesitestrich abschließt. Zusätzlich kann man auch mit Holz heizen. Trennende und abgrenzende Bauteile sind aus gewachstem Rohstahl gefertigt.

Der Wohnraum im Erdgeschoss. Rechts außen die abgeschirmte Terrasse, im Hintergrund der Kamin.

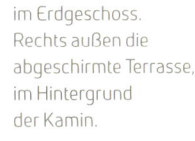

Dipl. Ing. Birgit Wessendorf, Berlin

Grundstücksgröße:	9.000 m²
bebaubar:	1.700 m²
Überbaute Fläche (Haupthaus):	82 m²
Wohnfläche:	95 m²
Nutzfläche:	153 m²
Bruttorauminhalt:	749 m³
Anzahl der Bewohner:	2 +
Baubeginn:	2010
Fertigstellung (ohne Nebengebäude)	2011

Bauweise, -konstruktion, -materialien:
Rohbau: Fertigteilkeller (WU-Beton); **Tragwerk:** Brettschichtholz, **Fassade:** hinterlüftete Holzkonstruktion, Fassadenbeplankung gefälzte Beplankung **Dach-, Decken-, Wand- und Bodenkonstruktion:** Brettschichtholz, Bitumendach

Baukosten gesamt (KG 300 + 400 HOAI):	293.000 €
Baukosten je m² Wohn- und Nutzfläche (ohne ausbaufähiges UG):	3.084 €
Primärenergiebedarf:	55 kWh/m² · a

GRUNDRISS
OBERGESCHOSS
M1:200

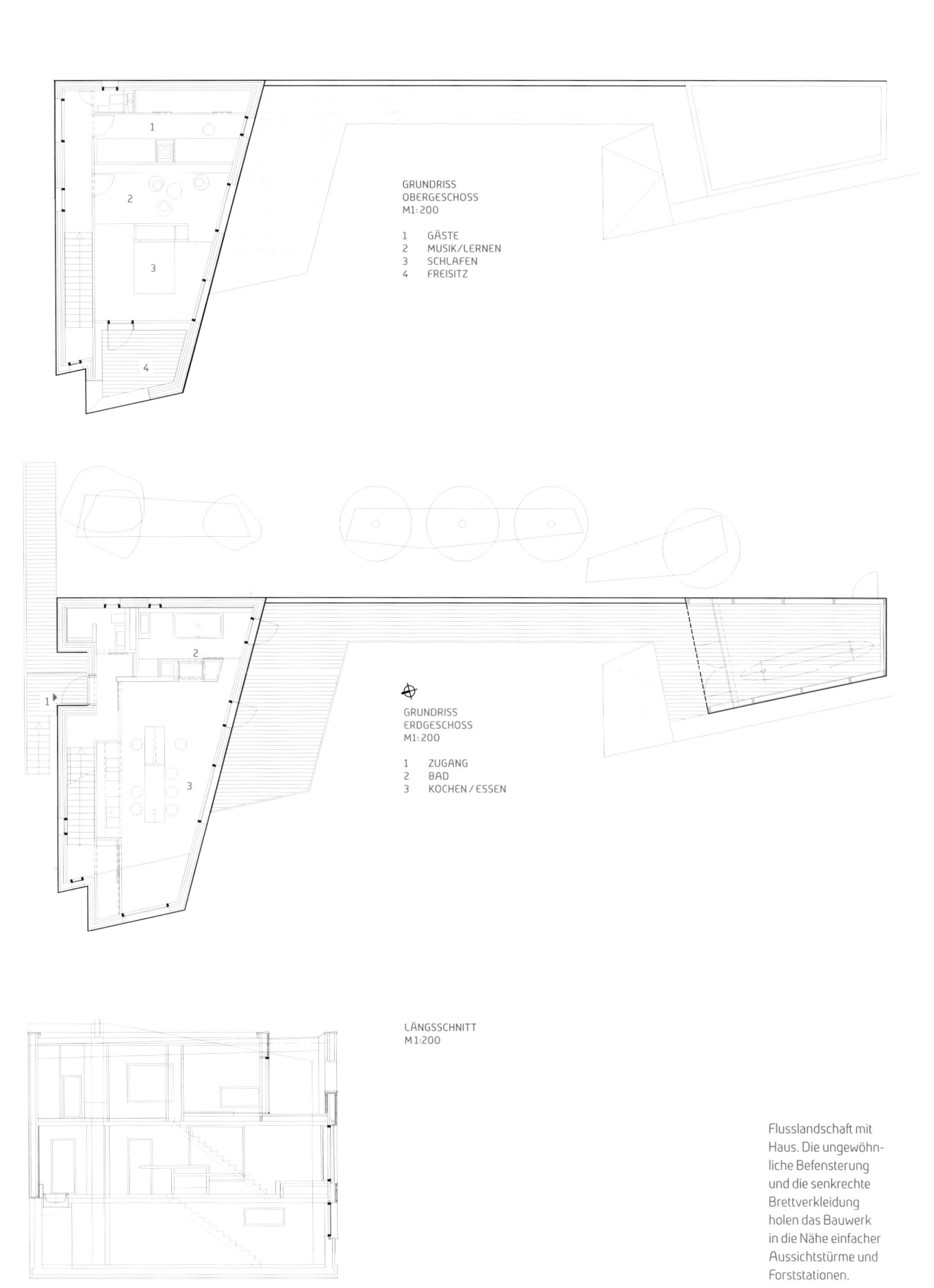

1 GÄSTE
2 MUSIK/LERNEN
3 SCHLAFEN
4 FREISITZ

GRUNDRISS
ERDGESCHOSS
M1:200

1 ZUGANG
2 BAD
3 KOCHEN/ESSEN

LÄNGSSCHNITT
M1:200

Flusslandschaft mit Haus. Die ungewöhnliche Befensterung und die senkrechte Brettverkleidung holen das Bauwerk in die Nähe einfacher Aussichtstürme und Forststationen.

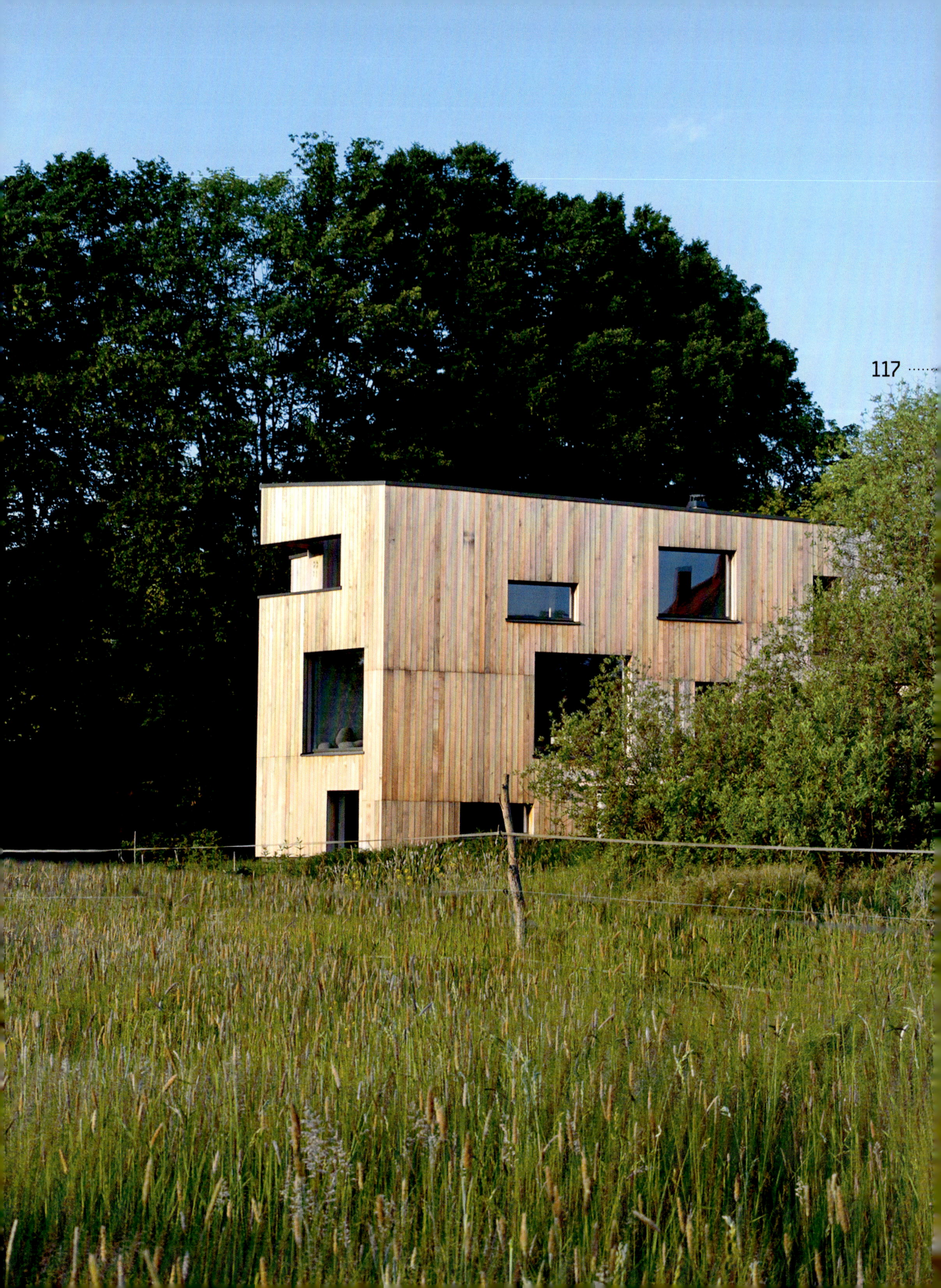

118

EIN DORFHAUS IN LUZERN

Roman Hutter Architektur GmbH | CH – Luzern

Unter den in diesem Buch gezeigten Häusern folgt dieses Beispiel am ehesten der traditionellen Holzbauweise. Lediglich seine aufrechte Kubatur und die für alte Bauernhäuser ungewöhnlich großen Fensteröffnungen lassen – neben dem hellen, noch unverwitterten Baumaterial – auf ein zeitgenössisches Gebäude schließen.

Im Kontext der dörflichen Struktur im Goms, dem oberen Rhône-Tal, steht das nicht unterkellerte Wohnhaus unauffällig. Es hat drei Geschosse, wird von einem flach geneigten Satteldach abgeschlossen und entspricht mit seinem pultgedeckten Nebengebäude den frei in der leicht geneigten Topografie verteilten ländlichen Häusern. Die Nähe der beiden Gebäude zueinander orientiert sich an der Dichte der gewachsenen Siedlung. Zur freien Feldseite schließt eine Wiese an.

Schon von außen lässt sich an den sichtbaren Anschlussstellen die Konstruktion der Blockbauweise ablesen. Im Grundriss ist das typische Kammersystem dargestellt, wobei die Raumaufteilung und -ausstattung funktional und keineswegs historisierend ausgefallen ist. Vor allem die Verteilung auf die Geschosse interpretiert die (Urlaubs-)Wohnauffassung der Bauherrschaft. Nach dem Eingang im Erdgeschoss schließt ein Gartenzimmer an, das ohne Umstände als Gästezimmer hergerichtet werden kann. Unter der Treppe werden dazu Liegen und Matratzen verwahrt.

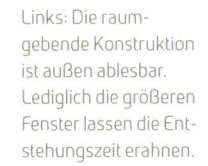

Die Richtung der Hölzer zeigt ihre Funktion an: Die tragenden Balken liegen horizontal, die Wandverkleidungen sind vertikal montiert.

Links: Die raumgebende Konstruktion ist außen ablesbar. Lediglich die größeren Fenster lassen die Entstehungszeit erahnen.

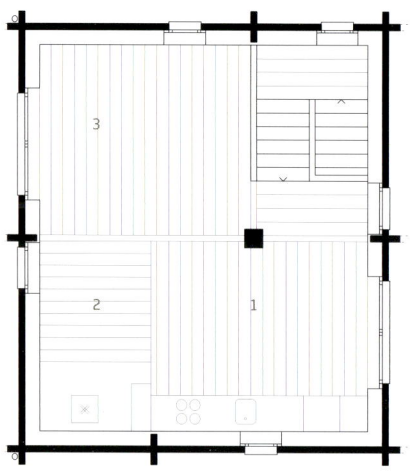

GRUNDRISS
DACHGESCHOSS
M 1:100

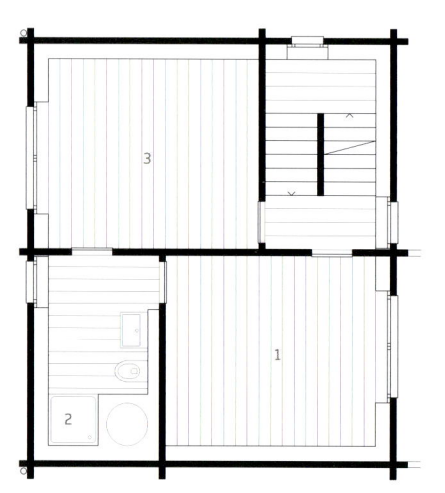

1 KOCHEN
2 WOHNEN
3 ESSEN

GRUNDRISS
OBERGESCHOSS
M 1:100

1 GÄSTE
2 BAD
3 SCHLAFEN

GRUNDRISS
ERDGESCHOSS
M 1:100

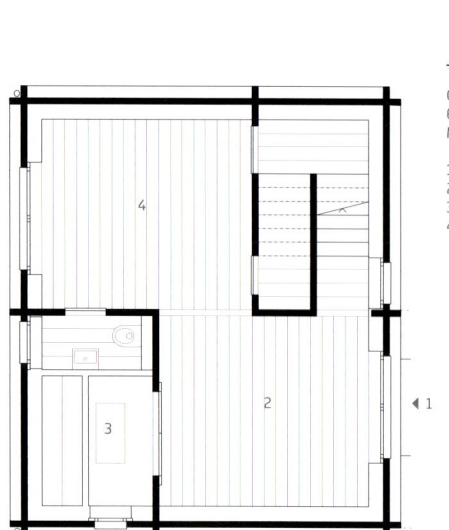

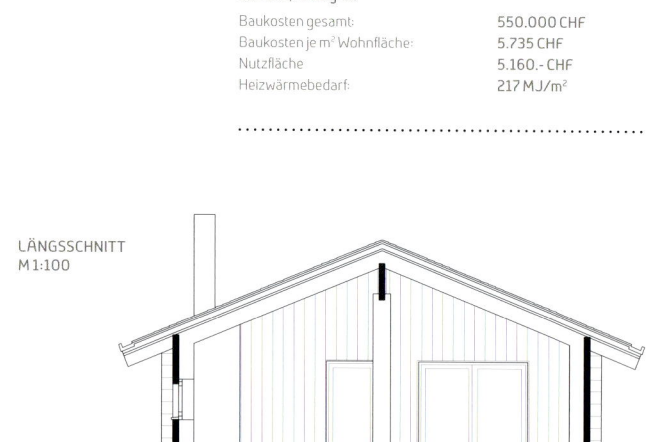

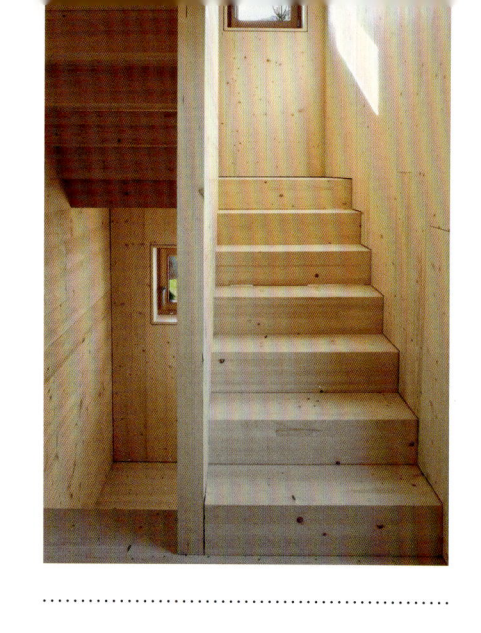

1 ZUGANG
2 EINGANGSRAUM
3 TECHNIK
4 GARTENRAUM

LÄNGSSCHNITT
M 1:100

Roman Hutter Architektur GmbH, CH-Luzern

Grundstücksgröße:	352 m²
Überbaute Fläche: Hauptgebäude	47,4 m²
Nebengebäude	13,6 m²
Wohnfläche: Hauptgebäude (Hauptnutzfläche nach SIA Norm 416)	95,9 m²
Nutzfläche: Hauptgebäude (Nutzfläche nach SIA Norm 416)	106,6 m²
Nebengebäude	9,9 m²
Bruttorauminhalt: Hauptgebäude (Volumen nach SIA Norm 416)	412,5 m³
Nebengebäude (Volumen nach SIA Norm 416)	26,5 m³
Anzahl der Bewohner:	2
Baubeginn:	2011
Fertigstellung:	2012

Bauweise, -konstruktion, -materialien:
Holzblockbau mit Sparrendach, einheimische Fichte, massiv; Holzbalkendecke, massiv; Dachdeckung: Eternit, Faserzementschiefer, naturgrau

Baukosten gesamt:	550.000 CHF
Baukosten je m³ Wohnfläche:	5.735 CHF
Nutzfläche:	5.160.- CHF
Heizwärmebedarf:	217 MJ/m²

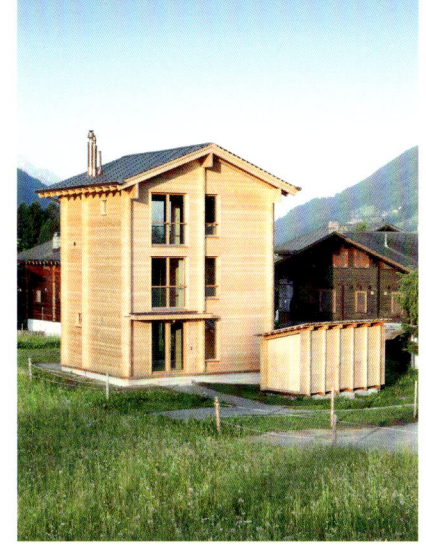

Neben der Toilette gibt es einen abgeschlossenen Technikraum für die Pelletheizung. Im Obergeschoss ist neben dem Schlafzimmer der Eigentümer ein reguläres Gästezimmer eingerichtet. Unterm Dach erreicht man einen offenen Raum, der Küche, Essplatz und Wohnzimmer nahtlos umschließt, lediglich die frei stehende Stütze der Firstpfette deutet Grenzen an. Ein Kaminofen sorgt für Atmosphäre.

Alle Verkleidungen und Einbauten sind aus Holz ausgeführt, wobei die Sorgfalt von der tragenden Konstruktion bis zur Einteilung der Besteckschubladen reichte. Die Außenwände sind mit Holzfaserplatten gedämmt, darüber schließt eine senkrechte Fichtenverbretterung an, um zu zeigen, welche Teile tragen und welche zum Ausbau gehören. An stärker beanspruchten Partien wie an den Fenstern wurde statt des Fichtenholzes das beständigere Lärchenholz verwendet.

Die Architektur endet nicht bei der tragenden Konstruktion. Alles ist für den Schreiner durchdetailliert – bis zum Besteckkasten.

Ungewöhnlich: Der Wohnraum mit Küche und Essplatz liegt unter dem Dach.

Fast wie ein Turm steht das noch unverwitterte, aber traditionell gezimmerte Blockhaus am Rand der Streusiedlung. Statt Keller gibt es einen kleinen Schuppen.

Unten: Keine martialisch wirkende Tür sichert den Eingang. Ein schützendes Vordach und eine Schwelle vor der einladenden Glastür empfangen die Besucher.

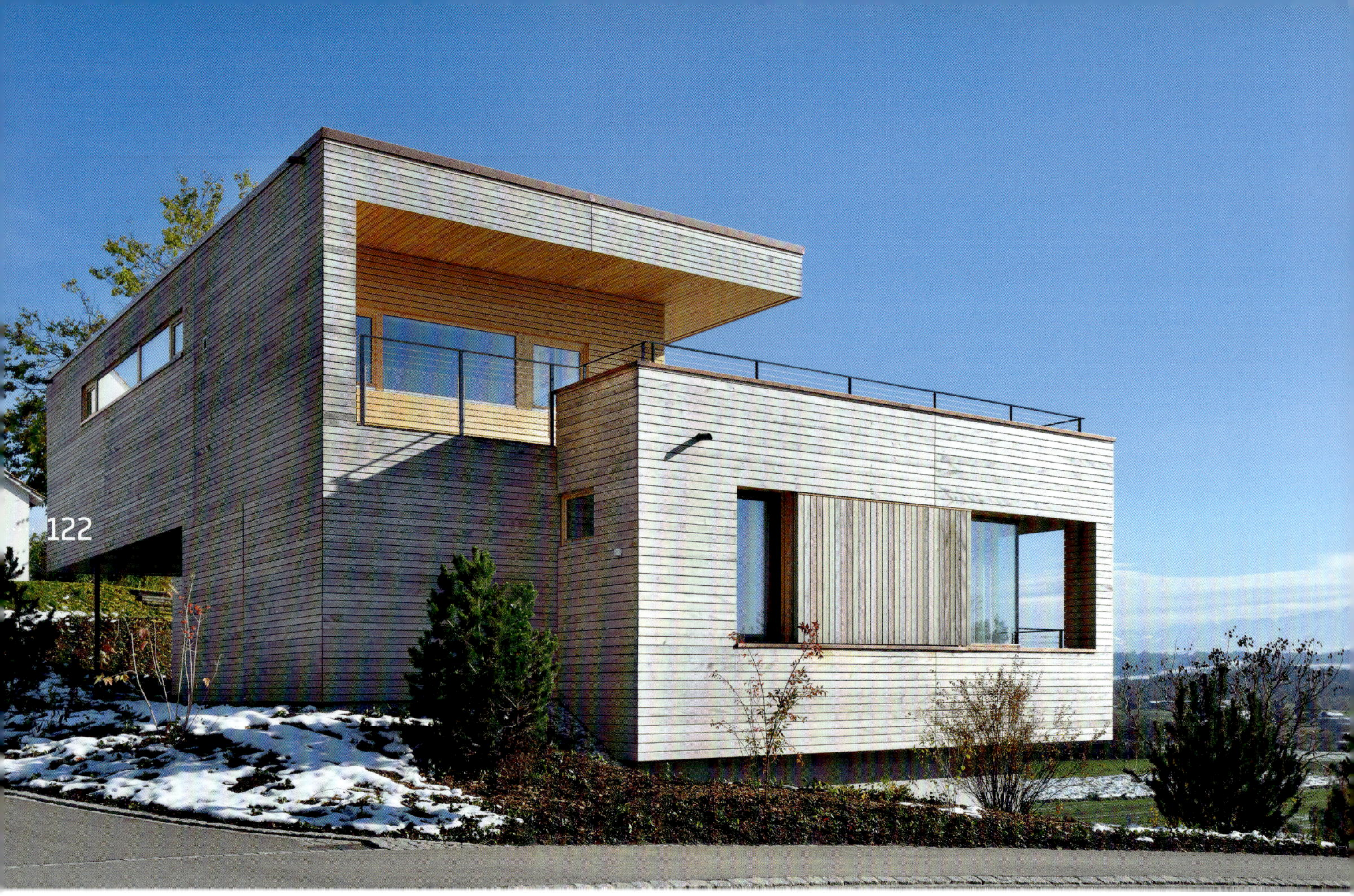

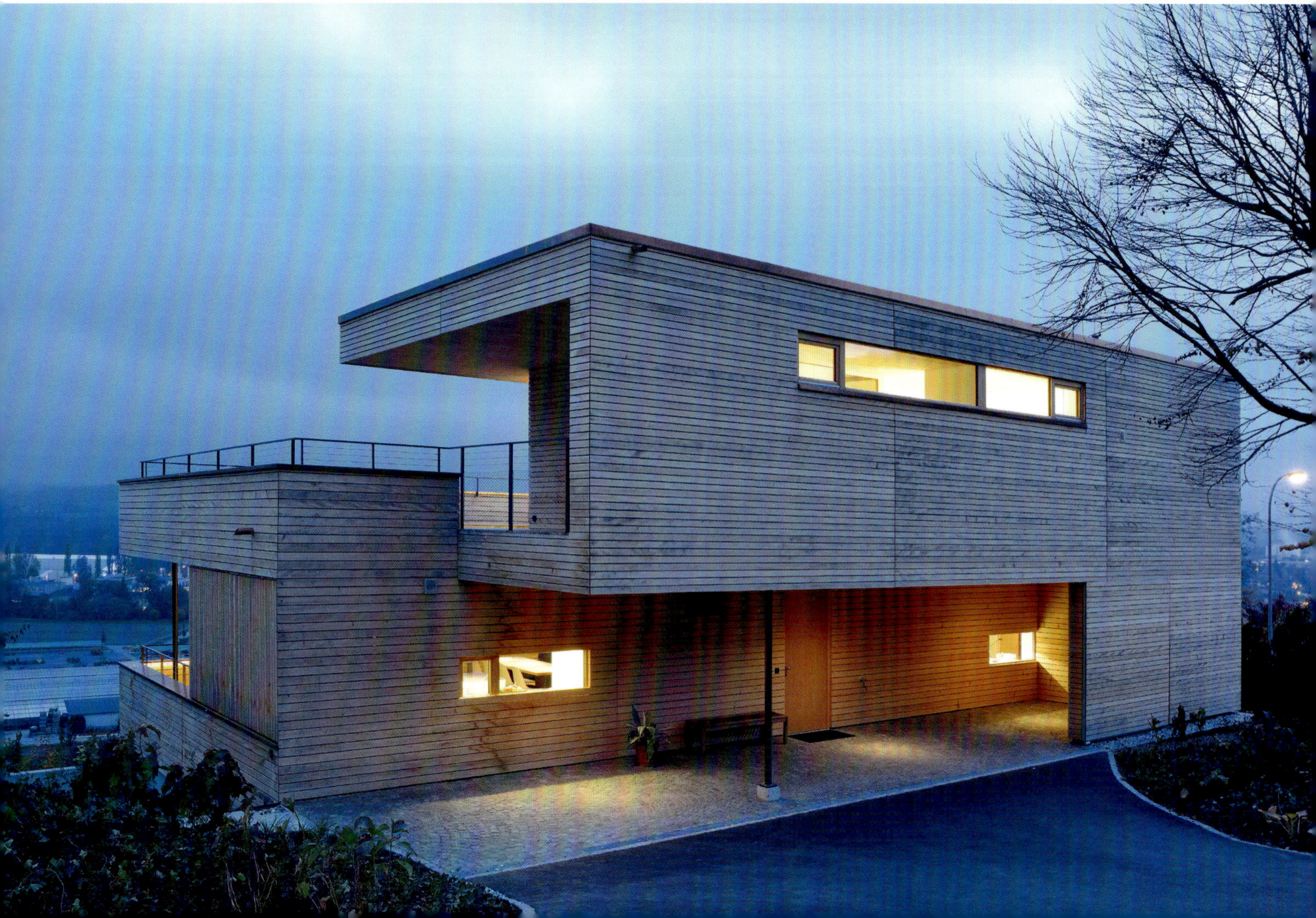

EINFAMILIENHAUS IN WEINFELDEN

k_m architektur | A-Bregenz, Lindau

Ein eher kleines, kompaktes Haus aus drei gegeneinander verschobenen Volumen, dessen Grundriss ein Höchstmaß an einleuchtender Funktionalität bietet: Es steht an einem steil abfallenden Hang oberhalb des Orts. Die horizontale Schichtung entspricht der Topografie und wird vorteilhaft für die Raumbildung genutzt – als schützender Überhang für Eingang und Carport, auf jedem Stockwerk für Terrassen nach drei Himmelsrichtungen.

Die Basis bildet ein schmales, in den Hang geschobenes Gartengeschoss. Die deutlich größeren Baukörper darüber sind als Holzkonstruktion errichtet. Bei der brettverschalten Fassade aus Weißtanne wurde bewusst auf Anstriche verzichtet; sie soll würdevoll altern und eine natürlich graue Patina erhalten.

Das Erdgeschoss wird schwellenlos erschlossen. Garderobe, Gästetoilette und Treppe definieren aufmerksam einen kleinen Warteplatz, nach beiden Seiten reicht der Flur mit begleitenden Einbaumöbeln, und gegenüber empfängt das Portal des Wohnraums. Unterschiedliche Öffnungen erlauben es, je nach Anlass andere Wege zu Küche, Essplatz und Wohnraum zu nehmen. Ein breiter Holzofen teilt den Wohnbereich und dient rückseitig als Sitzbank für den

Links unten: Zur Eingangsseite schützt der auskragende Baukörper. Vom Küchenfenster hat man den Zugang im Blick.

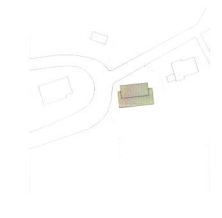

Links oben: Ein Konstrukt aus geschickt zusammengesteckten Volumen. Sie reagieren auf die Topografie, schneiden Räume aus, setzen sie mit Veranden fort.

Küche und Essplatz sind getrennt, aber nicht abgeschlossen.

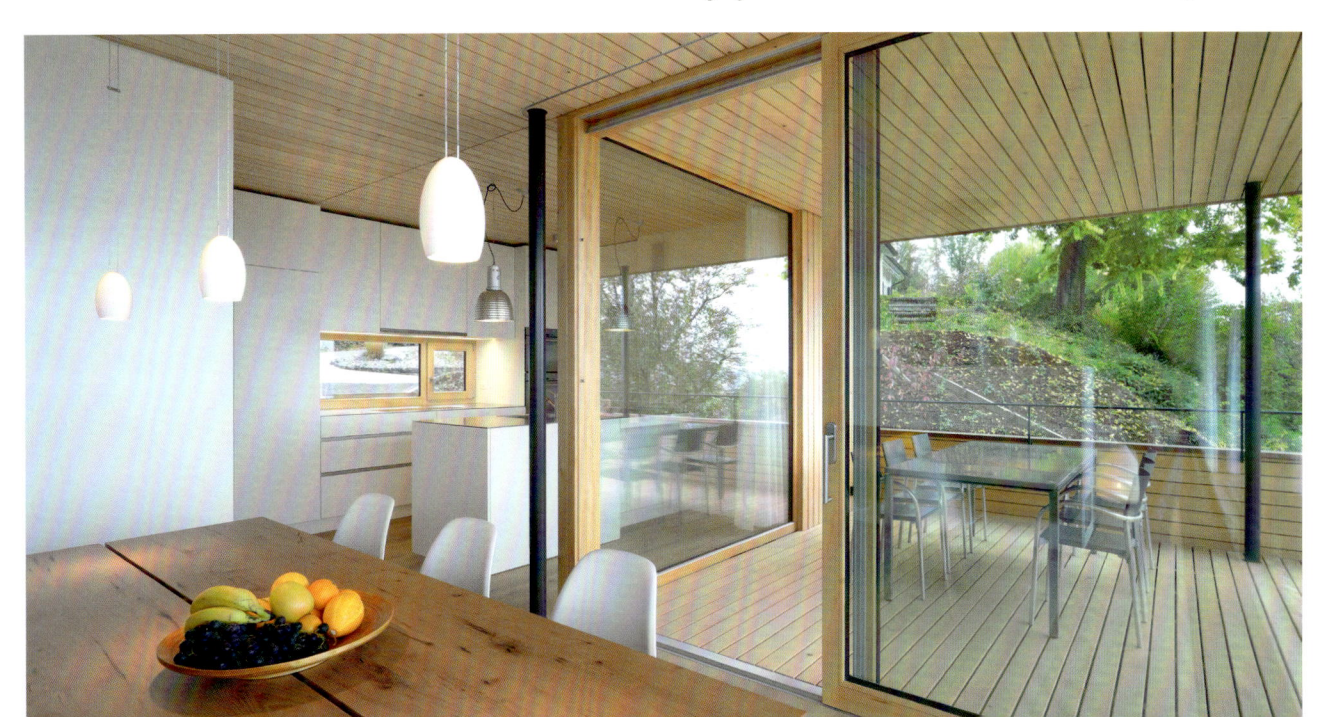

..... 124

Links: Ein breiter Holzofen teilt den Wohnraum. Auf seiner Rückseite kann man sich auf einer Sitzbank wärmen.

Unten: Die Dachterrasse schützt die über Eck geführte Loggia.

Rechts: Holz umkleidet auch den Schlafraum, der zur Terrasse hin vollständig verglast ist. Ankleide und Bad liegen hinter der Rückwand des Betts.

Unten rechts: Gegenüber vom Eingang erreicht man durch die großzügige Schrankflucht den Wohnraum.

Esstisch. Zwei Zimmer, dazu ein Bad, daneben ein Arbeitsplatz mit praktischen Einbauten an der Treppe zählen bereits zu den privaten Rückzugsstationen am Flurende. Die umlaufende Terrasse, durch raumhohe Verglasung einbezogen und von der darüber liegenden Ebene geschützt, erweitert die aussichtsreiche Wohnfläche.

Die einläufige Treppe führt zum Elternzimmer auf der oberen Etage. Es wird ergänzt durch einen Ankleideraum, von dem es zu Bad und Sauna geht. Eine satinierte Scheibe an der Treppe gibt zusätzlich Licht, ohne unerwünschte Einblicke zu liefern. Ein hohes Fensterband zur Straßenseite dient zur direkten Belichtung und Belüftung.

Im Untergeschoss ergänzen ein nur von außen zugängliches Atelier sowie ein Technik- und Geräteraum das Wohnhaus. Hier wurde konsequent nach umweltverträglichen Kriterien geplant. Dazu gehören die hohe ökologische Qualität der Materialien und die Erdwärmeheizung mit Solarkollektoren zur Warmwasserbereitung. Eine Photovoltaikanlage kann nachgerüstet werden.

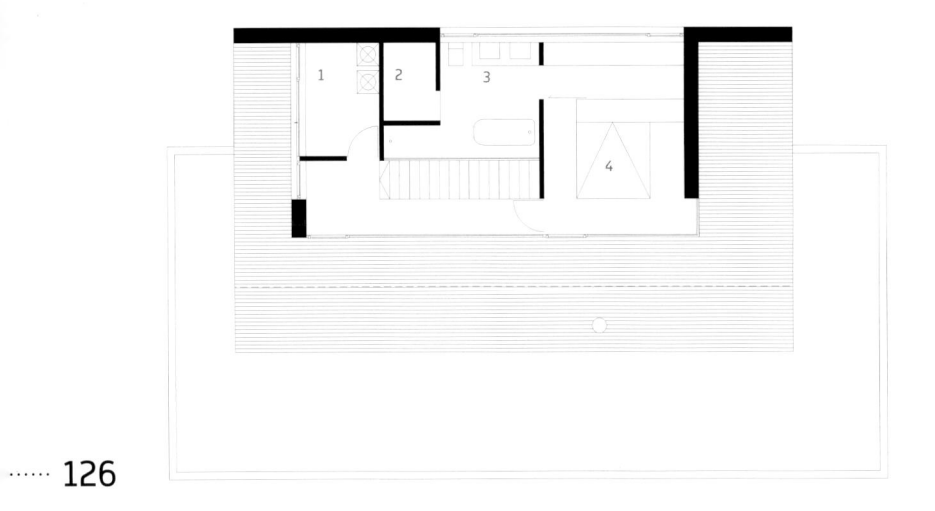

Wie auf einem Schiff kann man auf jeder Ebene das Deck entlanggehen und in die Ferne schauen – bis zum Säntis.

GRUNDRISS
OBERGESCHOSS
M 1:200

1 HAUSWIRT-
　SCHAFTSRAUM
2 SAUNA
3 BAD
4 SCHLAFEN

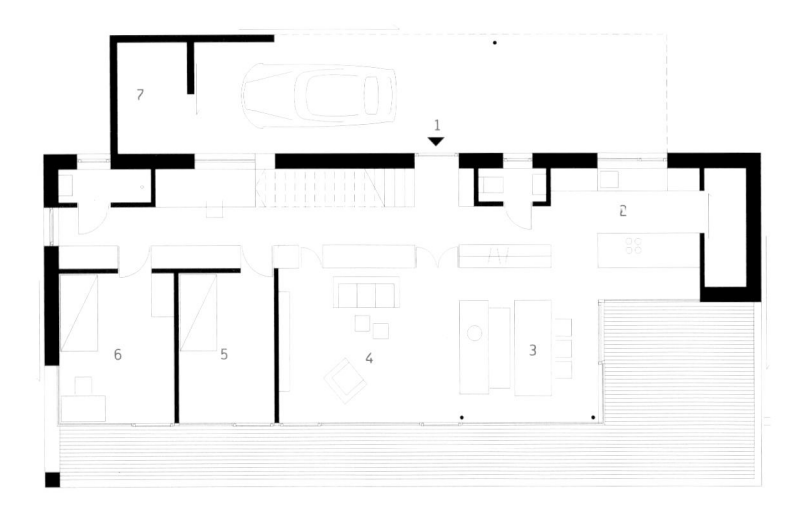

GRUNDRISS
ERDGESCHOSS
M 1:200

1 ZUGANG
2 KOCHEN
3 ESSEN
4 WOHNEN
5 GAST
6 KIND
7 LAGER

LÄNGSSCHNITT
M 1:200

k_m architektur, A-Bregenz, Lindau
Grundstücksgröße: 1.052 m²
Wohnfläche: 160 m²
Überbaute Fläche: 216,5 m²
Baujahr: 2012
Anzahl der Bewohner: 3–4 Personen

Bauweise, -konstruktion, -materialien:
Erdanliegende Bauteile/Gartengeschoss: Sichtbeton; Konstruktion, Fassade, Fenster, Terrassenbelag: alles Weißtannenholz, naturbelassen.
Fußböden Innenbereich: Parkett Eiche, Nasszellen ebenfalls Parkett bzw. Linoleum im Gäste WC und Atelier.

Primärenergiebedarf: 41 kWh/m² · a

127

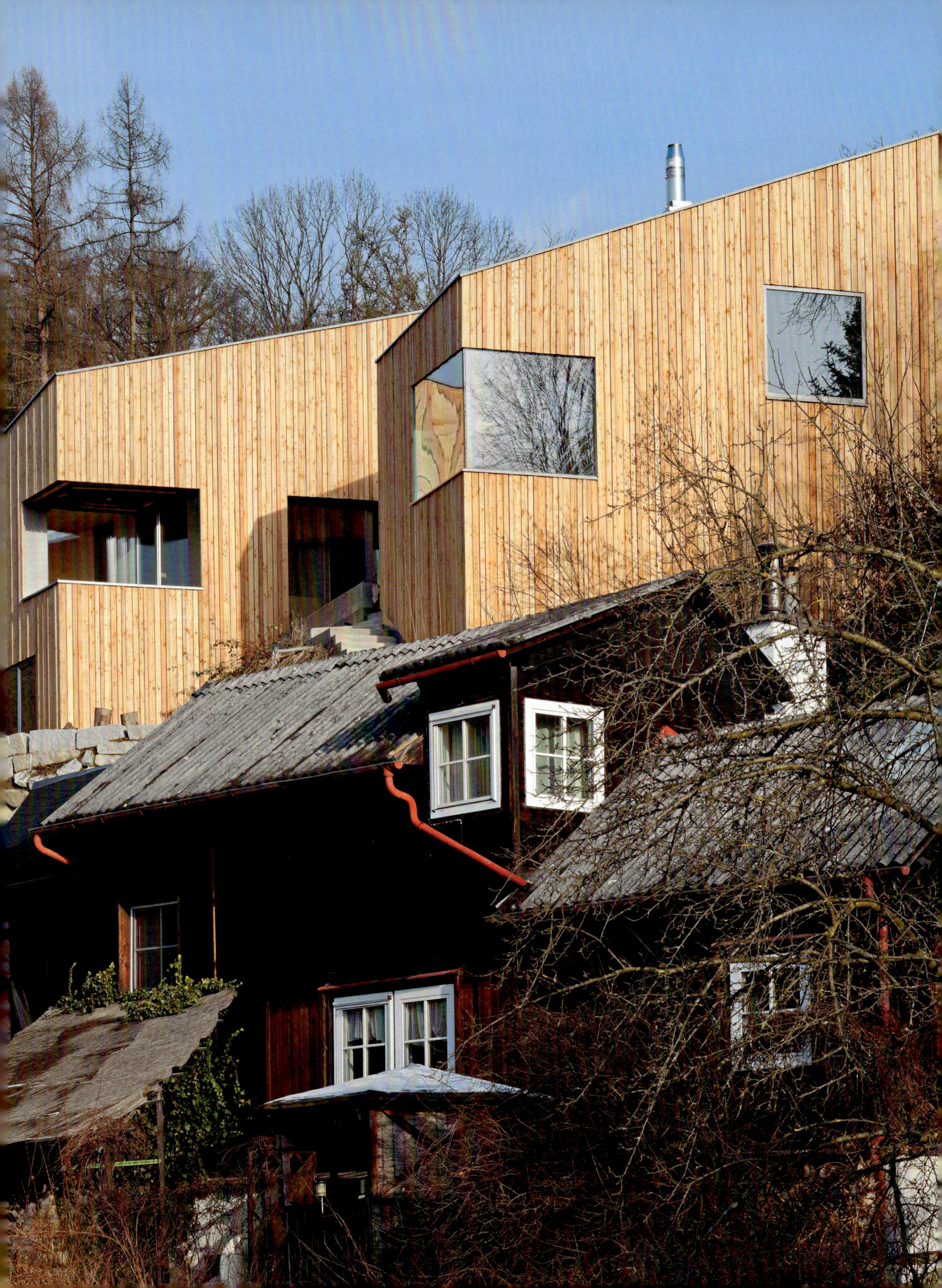

HAUS AN DER DONAU IN LINZ

destilat Design Studio GmbH | A – Linz

Der Entwurf des Hauses nutzt das steil zum Donauufer abfallende, schmale Grundstück und entwickelt daraus eine spannende, ungewöhnliche Raumfolge. Das Gebäude teilt sich in zwei Baukörper, zwischen denen die natürliche Geländelinie ungestört bleibt. Die Zweiteilung führt zu einer mit der Nachbarschaft verträglichen Baumasse, das Nebeneinander ergibt eine vorteilhafte Gliederung in ein Wohn- und ein Schlafhaus; sie werden auf einer mittleren Ebene durch einen unterirdischen, von oben belichteten Gang verbunden.

Die Morgensonne erreicht auch den talwärts vortretenden Schlaftrakt.
Die Öffnungen in der polygonen Kubatur variieren in Höhe, Größe und Tiefe.

Die geschlossene Rückseite zum Hang lässt sich als verlässlicher Schutz lesen, hier ragt das Haus nur mit einem Geschoss über den Grund. Zur Donau hin weiten sich die beiden korrespondierenden Baukörper gestisch, die Fassade erhält gezielt platzierte Öffnungen. Sie entsprechen den harmonisch ausbalancierten Unregelmäßigkeiten der Wandfluchten und Dachneigungen.

Links: Nicht beherrschend, eher als abstraktes, schmales Gefüge steht der Neuankömmling zwischen der alten Bebauung.

130

Der Essplatz vor dem Küchentresen hat eine niedrigere Raumhöhe, darüber ist der Therapieraum stützenfrei vom Dach abgehängt.

Links: Ein Holzsteg führt zum Eingang, der als Schmutzschleuse, Garderobe und Warteplatz für die Therapieräume dient. Durch das hohe Fenster sieht man auf das Schlafhaus.

Da die Erschließung von der oberen Ebene aus erfolgt, kehrt sich die gewohnte Anordnung der Zimmer um, zumal man auf der Eingangsebene hinter dem Windfang zunächst zwei Praxisräume für Shiatsu und Physiotherapie erreicht. Der abgewinkelte Weg zur Haustür wird von einem Holzsteg „überbrückt", er betont als Schwelle den Eintritt.

Eine breite Eichentreppe führt abwärts in den doppelt hohen, fast sakral wirkenden Wohnbereich, der sich mit Essplatz, Küche und Hauswirtschaftsraum zur Hangseite fortsetzt. Über dem Essplatz reduziert sich die Höhe auf ein behagliches Maß, hier ist vom Dach der Therapieraum abgehängt. Ein Kamin und eine Sitznische sowie der Austritt auf die zwischen den Hausschenkeln liegende Terrasse erhöhen die Annehmlichkeit des Wohnens. Zum Schlafhaus geht man vom Essplatz aus, der Flur wirkt wie eine Schleuse ins Private. Zu Eltern- und Kinderzimmer, das eine Galerie ergänzt, gehört ein zum Wellnessbereich erweitertes Badezimmer. Eine steile Treppe verbindet mit dem Meditationsraum im untersten Geschoss.

Die sichtbare Konstruktion ist über einem Stahlbetonsockel im Hang in Holzbauweise ausgeführt. Ein Anliegen war es, ein „gesundes" Haus aus ressourceneffektiven Materialien zu bauen. Die Holzwände sind mit Steinwolle gedämmt, die Installationsebene mit nachwachsendem Hanf. Die Innenseiten der Außenwände wurden mit Holzweichfaserplatten beplankt, darüber folgt ein einlagiger Tonputz. Beheizt wird das kontrolliert belüftete Niedrigenergiehaus mit einer Luftwärmepumpe. Die senkrecht verschalte Lärchenholzfassade aus unterschiedlich dicken und breiten Brettern wurde gebürstet, um ein gleichmäßiges Vergrauen zu erzielen. Unverwechselbar ist sie bereits jetzt.

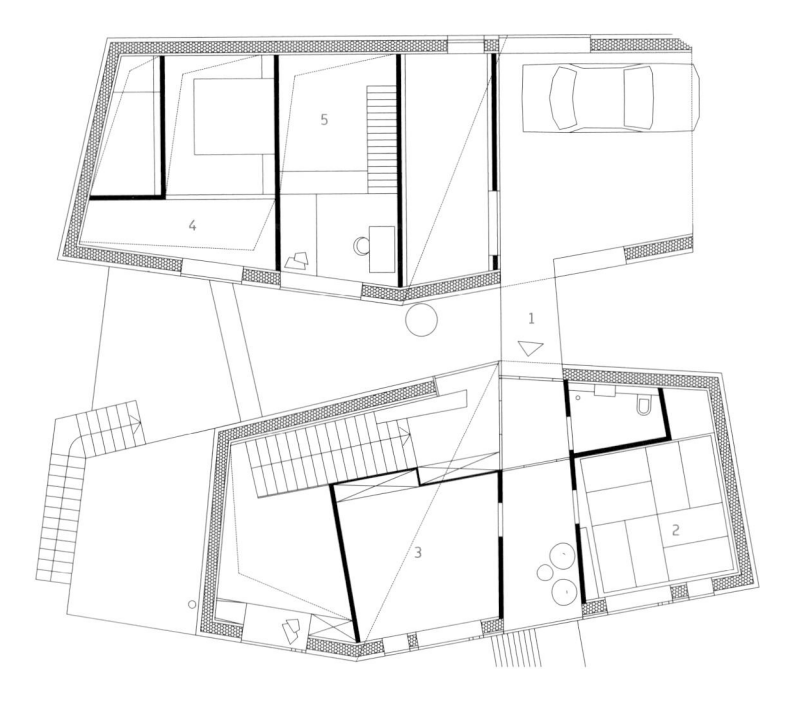

GRUNDRISS
ERDGESCHOSS
M 1:200

1 ZUGANG
2 SHIATSU
3 PHYSIOTHERAPIE
4 LUFTRAUM
5 EMPORE

GRUNDRISS
1. UNTERGESCHOSS
M 1:200

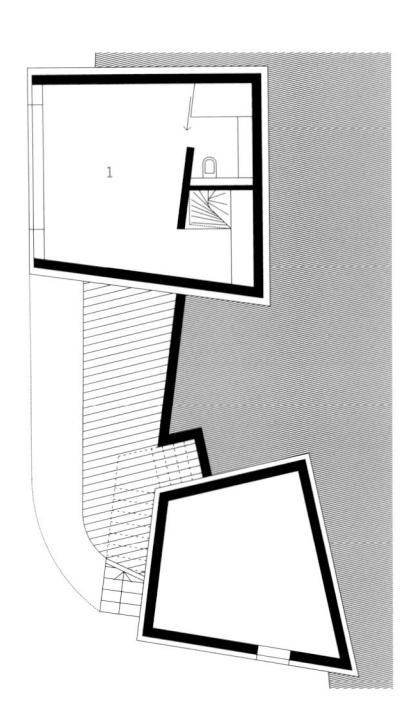

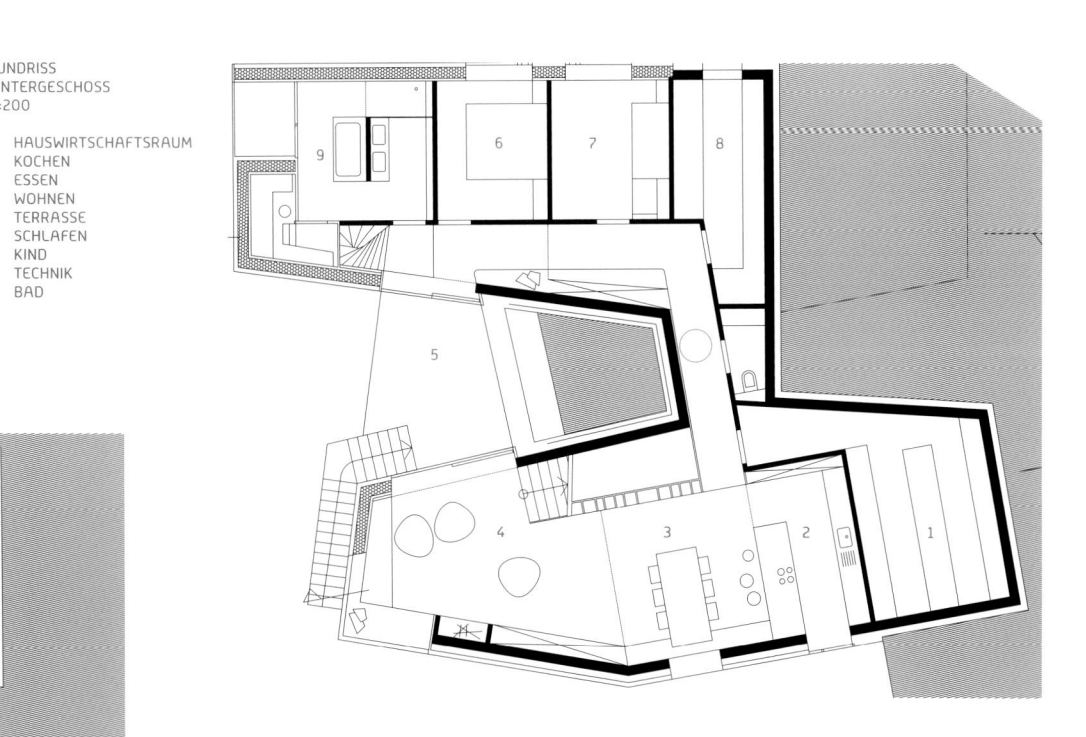

1 HAUSWIRTSCHAFTSRAUM
2 KOCHEN
3 ESSEN
4 WOHNEN
5 TERRASSE
6 SCHLAFEN
7 KIND
8 TECHNIK
9 BAD

GRUNDRISS
2. UNTERGESCHOSS
M 1:200

1 MEDITATION

Am unteren Ende der breiten Eichentreppe öffnet sich der 5 Meter hohe Wohnraum zu einer geschützten Terrasse zwischen den beiden Häusern.

Auf der oberen Zugangsebene ragt das Haus nur mit einem Geschoss über den Hang. Hier wirkt die Fassade eher hermetisch.

destilat Design Studio GmbH, A-Wien

Grundstücksgröße:	2.200 m²
Überbaute Fläche:	40 m²
Wohnfläche:	260 m²
Nutzfläche:	290 m²
Bruttorauminhalt:	870 m³
Anzahl der Bewohner:	3
Baubeginn:	2010
Fertigstellung:	2011
Bauweise, -konstruktion, -materialien:	
Beton, Holzriegelbau ausgedämmt	
Primärenergiebedarf:	34,7 kWh/m² · a
Heizenergiebedarf:	42,0 kWh/m² · a

134

BERGHAUS IN VENS / AOSTA TAL

studio Albori | I – Mailand

Architekten, die in den Alpen aufgewachsen sind, wissen, dass man im Gebirge ein anderes Raumempfinden hat. Das prägt ihre Arbeit. Wie bei diesem Haus. Es steht auf einer Höhe von 1.750 Metern, das Mont-Blanc-Massiv vor Augen, ragt als schmale Hütte in die Landschaft und erinnert ein wenig an eine Wetterstation. Aber vor allem gilt es hier, das Panorama der Berge zu beobachten. Deshalb sind alle Zimmer zur Aussicht nach Süden orientiert, die drei Rückseiten des roh verbretterten Bauwerks sind gut gedämmt und nur durch kleine, frei verteilte Fenster perforiert, die wie Linsen den Blick in die dramatische Natur lenken.

Das zunächst wie zufällig montiert wirkende Gerüst der tragenden Außenwände entstand aus einer Auseinandersetzung mit dem Archetypus Berghütte. Diese Tradition hatte man im Gedächtnis, wandelte sie aber kontinuierlich ab, so dass die Grundelemente dieser vertrauten Bauweise zwar ihr Vorbild erkennen lassen, aber mit einem unregelmäßig gebrochenen Hauskörper eher an die rauen Felsformationen der Berge erinnern. Bauvorschriften haben zum Beispiel die Trauflinie festgelegt, aber die Facetten des skulpturalen Gebäudes orientieren sich an der Sonne, dem Ausblick, der Raumaufteilung und der perspektivischen Einfügung in den Landschaftsraum. Die Hauptfassade zeigt außerdem drastisch die Windaussteifung, bewusst eine Koketterie mit dem Unperfekten.

Im Erdgeschoss finden Wohnen, Kochen und Essen zusammen, die Südsonne trifft ungehindert in den Innenraum.

Links: Alle Aufenthaltsräume richten sich nach Süden. Der Hauskörper spielt mit den rigiden Bauvorschriften, tatsächlich ist die fantasievolle Hütte durch ihre sensible und intelligente Interpretation vielfältig mit der Region verwachsen.

Oben: Zu allen anderen Seiten besitzt das Haus nur die notwendigsten Fensterchen.

Die drastische Windaussteifung zur Südseite überlagert die großzügige Verglasung wie ein Ornament.

137

GRUNDRISS
2. OBERGESCHOSS
M 1:100

1 ZIMMER
2 BAD

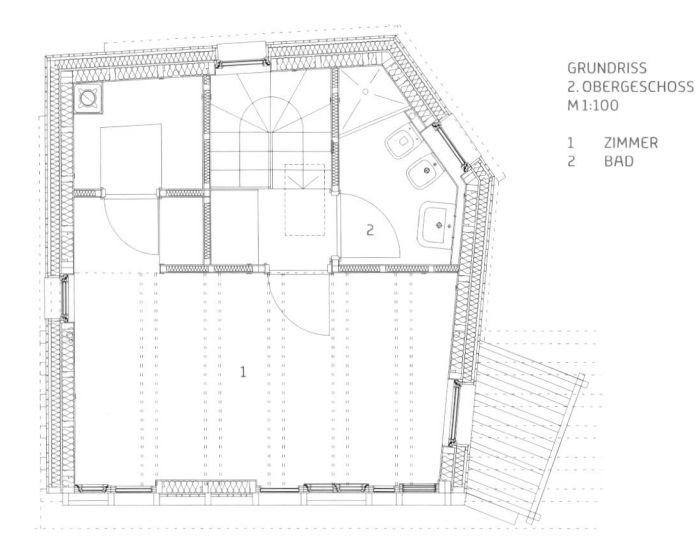

studio Albori, I-Mailand
Grundstücksgröße: 430 m²
Wohnfläche: 83 m²
Baubeginn: 2010
Fertigstellung: 2011
Anzahl der Bewohner: 4

Bauweise, -konstruktion, -materialien:
Holzrahmenbau, zweischalig, innen gedämmt, Lärche, unbehandelt, ungefasst

Primärenergiebedarf: 47,6 kWh/m² · a
Heizenergiebedarf: 30,12 kWh/m² · a

GRUNDRISS
1. OBERGESCHOSS
M 1:100

1 ZIMMER
2 BAD

GRUNDRISS
ERDGESCHOSS
M 1:100

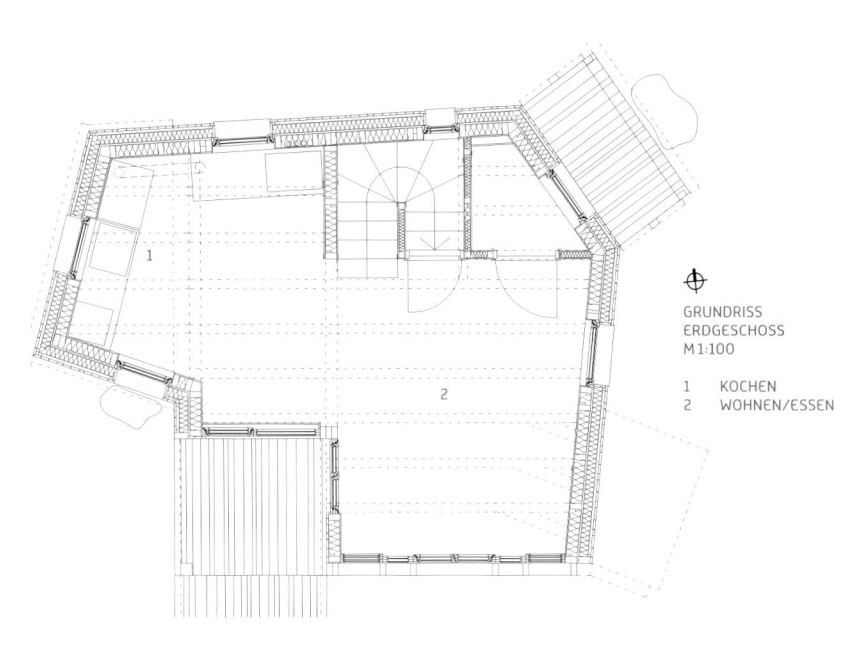

1 KOCHEN
2 WOHNEN/ESSEN

LÄNGSSCHNITT
M 1:200

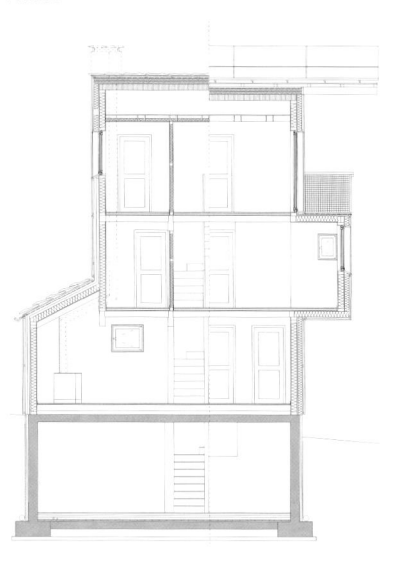

Das Lärchenholz kommt aus der Region, ebenso die handbearbeiteten Naturstein-Dachplatten. Auch dadurch ist das Haus materiell mit seinem Ort verwurzelt.

Die Sonne wird ganz fortschrittlich genutzt: einmal direkt durch die großzügige Verglasung nach Süden, dann durch in die Fassade eingestellte Elemente, die die steile Mittagssonne im Sommer reflektieren, die flacheren Strahlen jedoch auf Kammern mit PCM-Salzen lenken und so die Wärme später an den Raum abgeben, schließlich durch Photovoltaik-Paneele auf dem Dach. Damit gelingt eine autarke Energieversorgung, zumal ein Holzofen für herkömmlich knisterndes Feuer sorgt.

Trotz der Bricolage-Ästhetik bleibt nichts dem Zufall überlassen. Die Sonnennutzung durch Phase-Change-Materialien und Photovoltaik entspricht dem Stand der allerneuesten Technik.

Die Schlafkammer im 1. Stock. Platzsparend im Hüttenstandard, mit Stockbetten und Schreibtisch. Unter der Brüstung erkennt man ein PCM-Element.

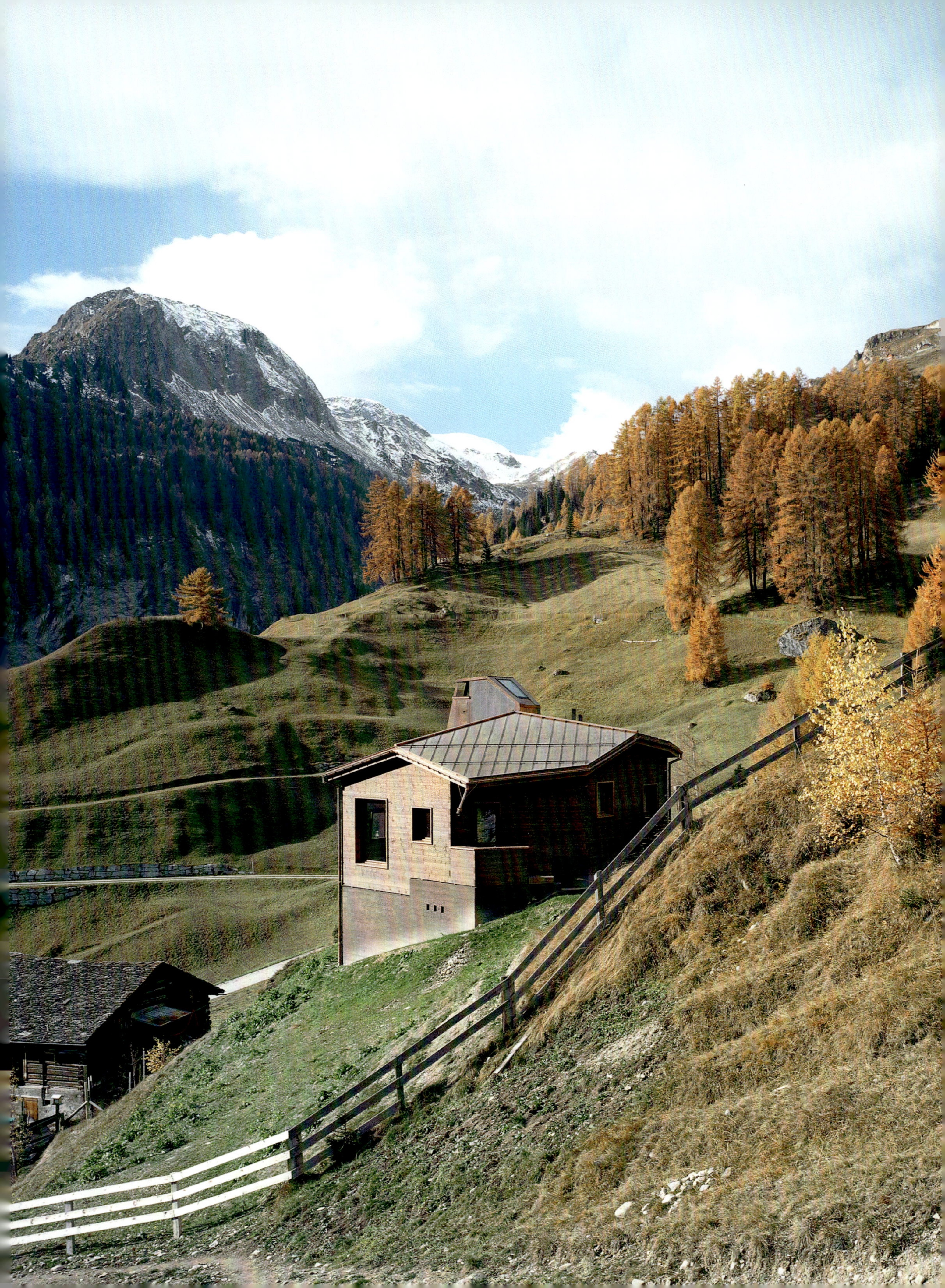

BERGHAUS IN WERGENSTEIN

Miller & Maranta | CH – Basel

Dieses Berghaus entspricht nicht nur einer regionalen Bautradition, es steht wirklich am Berg, oberhalb des kleinen Dorfs Wergenstein in der Region Thusis/ Kanton Graubünden. Von der Funktion her wird es als Chalet genutzt, also als abgelegener Rückzugsort für eine Familie, die sich schon als junges Paar mit der besonderen Gegend angefreundet hatte und nun ein eigenes Häuschen zum Ausspannen oder konzentrierten Arbeiten besitzen wollte.

Die historische Bebauung des Schamsertals am Hinterrhein wurde ehemals durch Landwirtschaft, Bergbau und den Verkehr über den Splügenpass geprägt. Die Architektur wurde bestimmt durch massive, meist verputzte Wohnhäuser und Kirchen. Nur Nebengebäude wie Ställe und Scheunen wurden aus Holz gebaut. Anfangs des 20. Jahrhunderts wanderten viele Einwohner aus, da sich die gewinnbringenden Transitstrecken verlagert hatten. Erst in den Sechzigerjahren setzte der Tourismus ein und fügte den Dörfern neue, chaletähnliche Bauten hinzu.

In dieser Umgebung galt es, für das Ferienhaus eine authentische Gestalt zu finden. Die Bauherrschaft stellte sich ein gemütliches Refugium vor, eher kleine Zimmer als mondäne, fließende Räume, aber auf jeden Fall mit großen Fenstern! Äußerlich sollte sich das Haus unauffällig zwischen die vorhandene Bebauung fügen, es überragt sie in seiner exponierten Lage. Durch die

Links: Ein Häuschen, das das Dorf überragt und mit seiner vieleckigen Form und den Giebelfronten die Sympathie der Nachbarhäuser zu suchen scheint.

So unauffällig sich die Architektur in den Kontext fügt, bei den Fenstern wollte die Bauherrschaft keine Kompromisse. Hier war die Aussicht entscheidend.

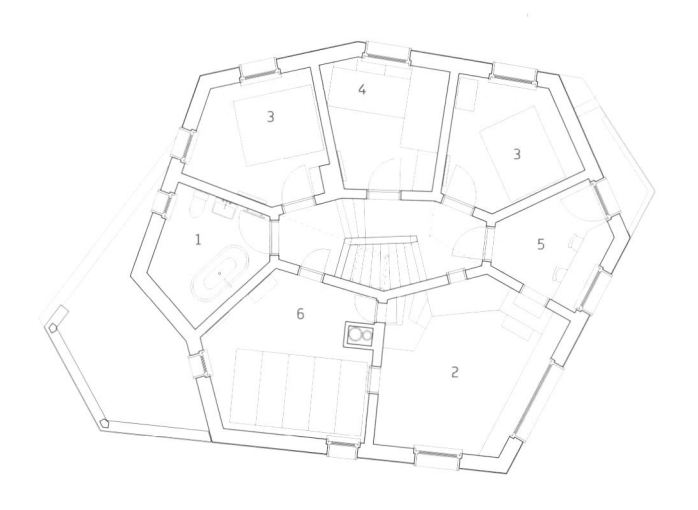

GRUNDRISS
OBERGESCHOSS
M 1:200

1 BAD
2 WOHNEN
3 SCHLAFEN
4 KIND
5 ARBEITEN
6 MATRATZENLAGER

Rechts: Die fünfeckigen Raumzuschnitte rühren aus keinen weltanschaulichen Motiven. Damit wurde eine kompakte Bauform wie bei einem Schneckenhaus erreicht.

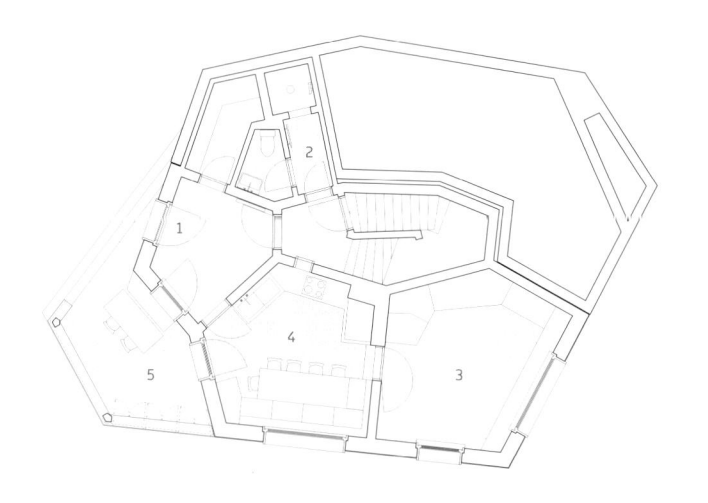

GRUNDRISS
ERDGESCHOSS
M 1:200

1 EINGANG
2 BAD
3 WOHNEN
4 KOCHEN
5 VERANDA

LÄNGSSCHNITT
M 1:200

Miller & Maranta, CH-Basel

Grundstücksgröße:	2.845 m²
Überbaute Fläche:	159 m²
Wohnfläche:	124 m²
Bruttorauminhalt:	580 m³
Anzahl der Bewohner:	5 +
Baubeginn:	2009
Fertigstellung:	2011

Bauweise, -konstruktion, -materialien:
Sockel: Stahlbetonsockel mit Sichtoberflächen; Tragwerk: massive Ständerkonstruktion mit Ausfachung aus massiven Bohlen, beides Fichte, Oberfläche gehobelt, naturbelassen; Fassade: Blindstrickkonstruktion aus Fichtenholz, sägerau, pigmentierte Öllasur; Dach: Kupfer; Böden: Langriemenboden aus Fichte gehobelt, Oberfläche geseift
Heizung: Erdsonden-Wärmepumpe

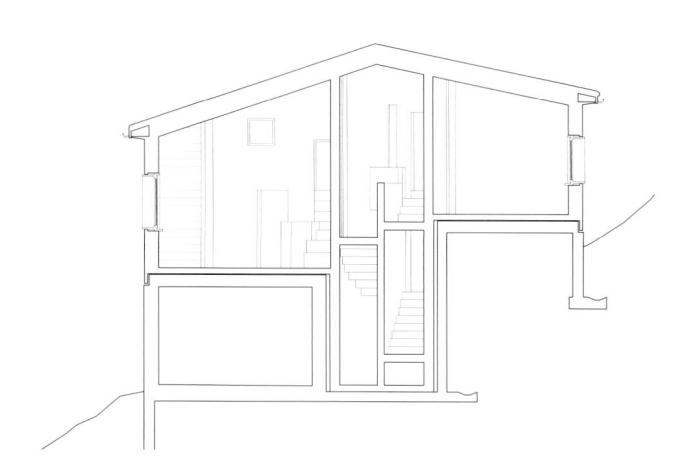

vieleckige Grundrissform entstehen jedoch an den Fassaden giebelartige Ansichten, die den Neubau in das Dorfbild holen.

Er steht auf einem Stahlbetonsockel mit sichtbarer Brettschalung und ist als Ständerkonstruktion aus Fichtenholz errichtet, ausgefacht mit Bohlen, die Innenoberflächen sind gehobelt und naturbelassen. Außen schließen die mit Mineralwolle gedämmten Wände mit einer sägerohen Blindstrickkonstruktion ab, wie sie Ende des 19. Jahrhunderts regionaltypisch wurde. Sie ist mit einer pigmentierten Öllasur in zwei Farbtönen behandelt. Die Fenster sind aus Lärchenholz, die Dachflächen mit Kupferblech gedeckt.

Natürlich ist das Haus innen ebenfalls ganz mit Holz ausgeschlagen. Auf dem Fußboden liegen geseifte Langriemen, nur in der Küche gebrannte und glasierte Tonplatten. Die Zimmer haben alle unregelmäßige, fünfeckige Grundrisse, sie scharen sich wie Waben um das längliche Treppenhaus, als sollten sie sich gegenseitig schützen und wärmen. Das übernimmt aber ein Specksteinofen, der die Mitte des Hauses bildet und im überhohen Wohnraum auch nach oben Wärme abführt. Durch Klappen in den Wänden zirkuliert sie auch in die Nachbarzimmer.

Die Fassade schaut nach Blockhaus aus, es handelt sich aber nur um eine selbsttragende Verbretterung, wie sie in der Region typisch ist.

Das längsgerichtete Treppenpolygon vermittelt zwischen den fünfeckigen Umrissen der Räume.

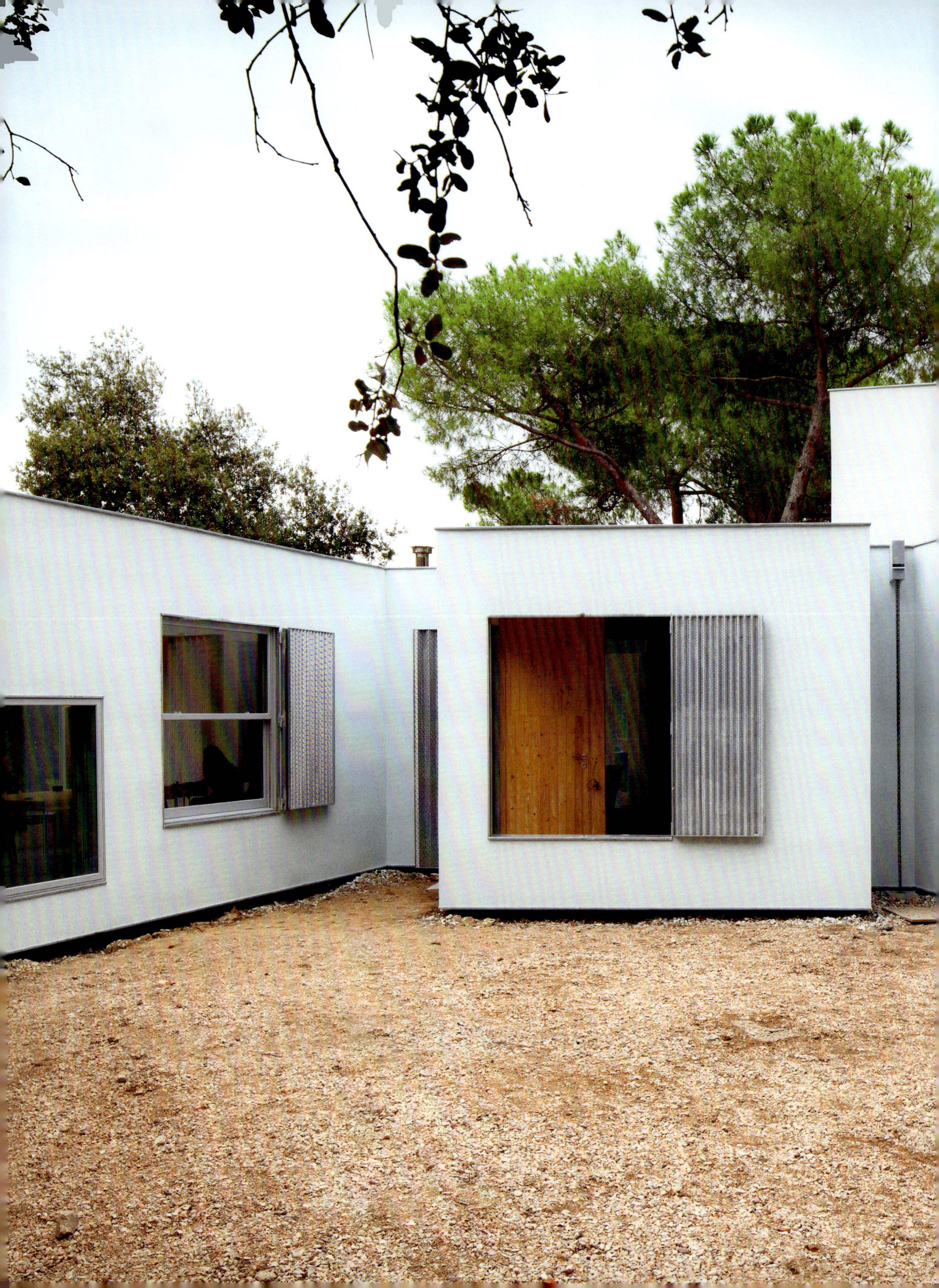

EIN WOHNHAUS-
ARRANGEMENT BEI MADRID

FRPO Rodriguez & Oriol Arquitectos | SP – Madrid

Diesem Haus geht eine Vielzahl typologischer Experimente voraus, mit denen sich die Architekten seit 2005 befasst haben: Das Resultat ist ein Versuch, aus möglichst einfachen Elementen eine Vielzahl an Möglichkeiten für die unterschiedlichen Anforderungen der Auftraggeber zu gewinnen.

2010 erhielten sie den Auftrag für ein Einfamilienhaus in einem Waldstück am Rand von Madrid. In diesem Fall kam als besondere Bedingung hinzu, dass man geometrisch auf das baumbestandene Grundstück reagieren und das Haus in den Waldsaum integrieren musste. Das Programm wurde diagrammatisch auf einfache rechtwinklige Elemente verteilt und schließlich in 24 Varianten durchgespielt. Das erste Funktionsschema trennte noch in dienende Bereiche für Küche und Hausarbeit, zum Wohnen und zum Schlafen. Der endgültige Grundriss verteilt die Räume viel freizügiger. Drei polygonale Zwischenflure verbinden die jeweils rechtwinkligen Funktionsboxen. Alles spielt sich auf einer Ebene ab, nur das Studio ragt über das disparate Arrangement der Baukörper.

Dabei musste man zwei Herausforderungen begegnen: der Anzahl verschiedener Winkel zwischen den Baukörpern und dem energetischen Nachteil aufgrund der großen Oberflächen im Verhältnis zum Volumen.

Links: Keine Angst vor zu viel Hüllfläche hatten die Architekten bei diesem Haus. Es steht in einer warmen Region in Spanien.

Die Idee, das Haus unter den Baumkronen als Agglomeration von Zimmern anzulegen, führt zu erlebnisreichen Raumfolgen.
Die kreuzweise verleimten Holztafeln wurden in Österreich präzise vorgefertigt und zu dem weit entfernten Grundstück transportiert.
Die leichte Bauweise gestattete eine Aufstellung unmittelbar neben den Baumwurzeln.

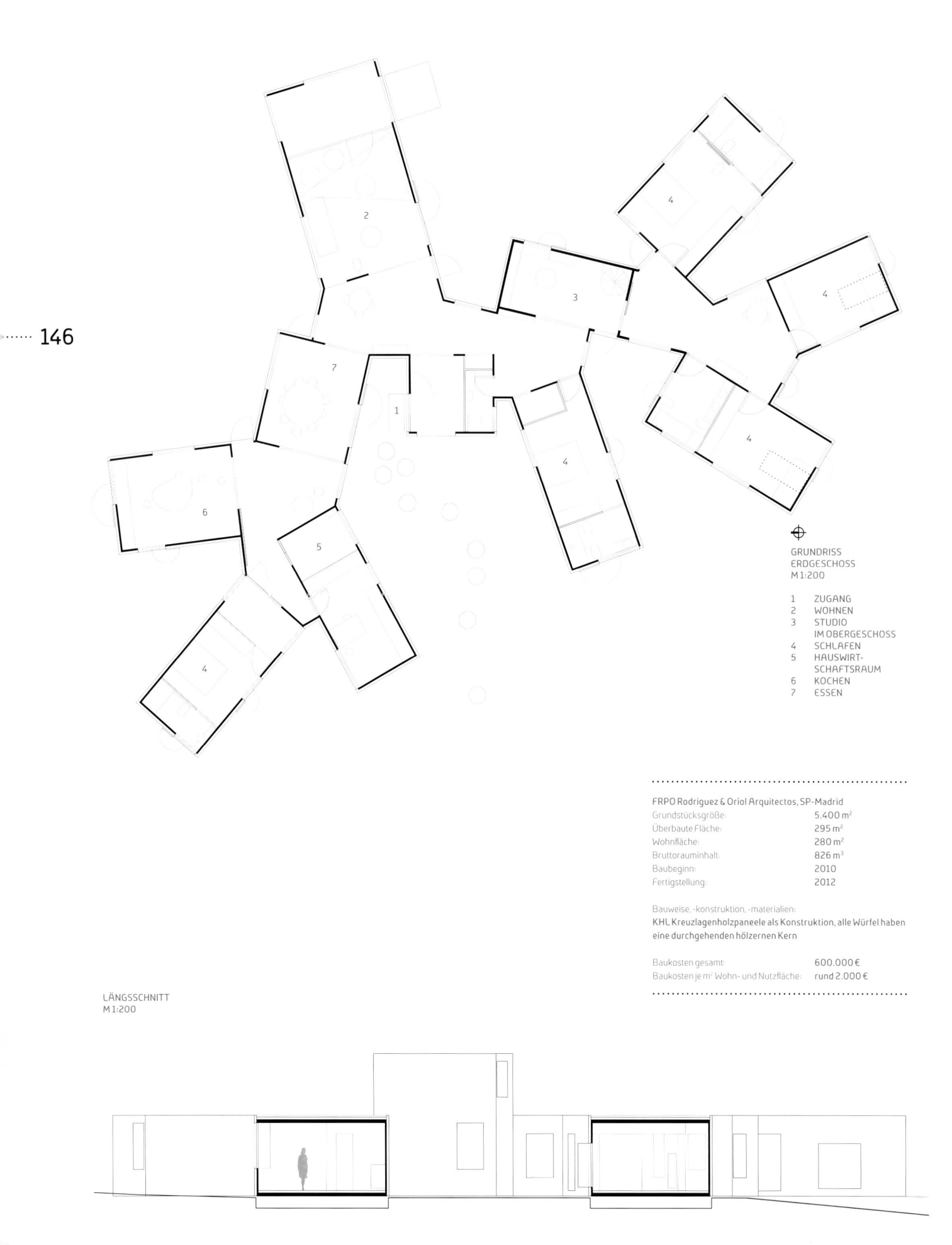

GRUNDRISS
ERDGESCHOSS
M 1:200

1 ZUGANG
2 WOHNEN
3 STUDIO
  IM OBERGESCHOSS
4 SCHLAFEN
5 HAUSWIRT-
  SCHAFTSRAUM
6 KOCHEN
7 ESSEN

FRPO Rodriguez & Oriol Arquitectos, SP-Madrid
Grundstücksgröße:	5.400 m²
Überbaute Fläche:	295 m²
Wohnfläche:	280 m²
Bruttorauminhalt:	826 m³
Baubeginn:	2010
Fertigstellung:	2012

Bauweise, -konstruktion, -materialien:
KHL Kreuzlagenholzpaneele als Konstruktion, alle Würfel haben einen durchgehenden hölzernen Kern

Baukosten gesamt:	600.000 €
Baukosten je m² Wohn- und Nutzfläche:	rund 2.000 €

LÄNGSSCHNITT
M 1:200

Außerdem verlangten die Baumwurzeln eine vorsichtige Fundamentierung. Der erste Vorschlag – ein Stahlskelett mit Betonscheiben – schien deshalb nicht durchführbar. Man benötigte in diesem speziellen Fall ein leichteres Konstruktionssystem, das sich präzise zwischen die Baumkronen montieren ließ. Es sollte einfach sein und gleichzeitig energetisch vorteilhaft.

Durch Zufall stießen die Architekten auf Brettsperrholz. Damit ließen sich alle Anforderungen erfüllen: ein massives Material mit hoher Dämmleistung, das sorgfältig und passgenau mit CNC-Technik in Österreich hergestellt wird. Damit würde man ein Holzhaus bauen, ein Holzhaus im Wald.

Die Wandelemente haben eine Dicke von 72 Millimetern, die Deckenplatten von 95 bis 182 Millimetern. So wiegt der gesamte Rohbau nicht einmal ein Drittel eines in konventioneller Bauweise hergestellten Hauses. Zur Gründung reichten deshalb leichte, 2 Meter lange verzinkte Stahlpfosten.

Die digitale Produktion der Paneele erlaubte das maßgenaue Einhalten der unterschiedlichen Winkel. Die Konstruktion, leicht, dünn, homogen und gleichzeitig dämmend, ließ sich rasch über der Bodenplatte aufschlagen. Es war eine neue Erfahrung – auch für die Architekten.

Oben: Durch die wie hingestreut wirkende Anordnung der Raumboxen liegen die einzelnen Zimmer peripher, und kein Bewohner wird von seinem Nachbarn gestört.

Nur das Studio weicht von der Addition in der Ebene ab; hier geht eine Wendeltreppe nach oben.

148

STATT STADEL – EIN WOHNHAUS IN NEUSTIFT

Architekten Mahlknecht Comploi | I – Brixen

Zwei gegenüberliegende Bauernhöfe bilden ein denkmalgeschütztes Ensemble. Eine alte Mauer, an die ein hölzerner Stadel grenzte, trennte die beiden Anwesen. Diese entbehrliche Scheune wurde abgerissen und durch ein kleines Wohnhaus ersetzt; ihr Gewölbekeller wurde erhalten. Der Denkmalschutz schrieb allerdings vor, dass der Neubau wieder in Holzbauweise zu errichten sei, außerdem sollte seine Fassade gegenüber den Bauernhöfen nicht durch große Öffnungen auffallen und die Kubatur dem bescheidenen Vorgängerbau entsprechen. Der Holzrahmenbau wurde deshalb mit einer naturbelassenen, sägerauen Lärchenholzverbretterung verkleidet, die an der zum denkmalgeschützten Nachbarn reichenden Westseite geschlossen wirkt: Hier wurde vor den Fenstern jedes zweite Brett ausgespart, so dass eine Art Lüftungsgitter entsteht, wie man es von landwirtschaftlichen Gebäuden kennt.

Durch die erhöhte Position über dem vorhandenen Gewölbekeller wirkt das Haus größer als es ist. Seine Kubatur entspricht dem dafür abgerissenen Stadel, auch die über die Fenster gestaffelten Bretter orientieren sich an der landwirtschaftlichen Bauweise.

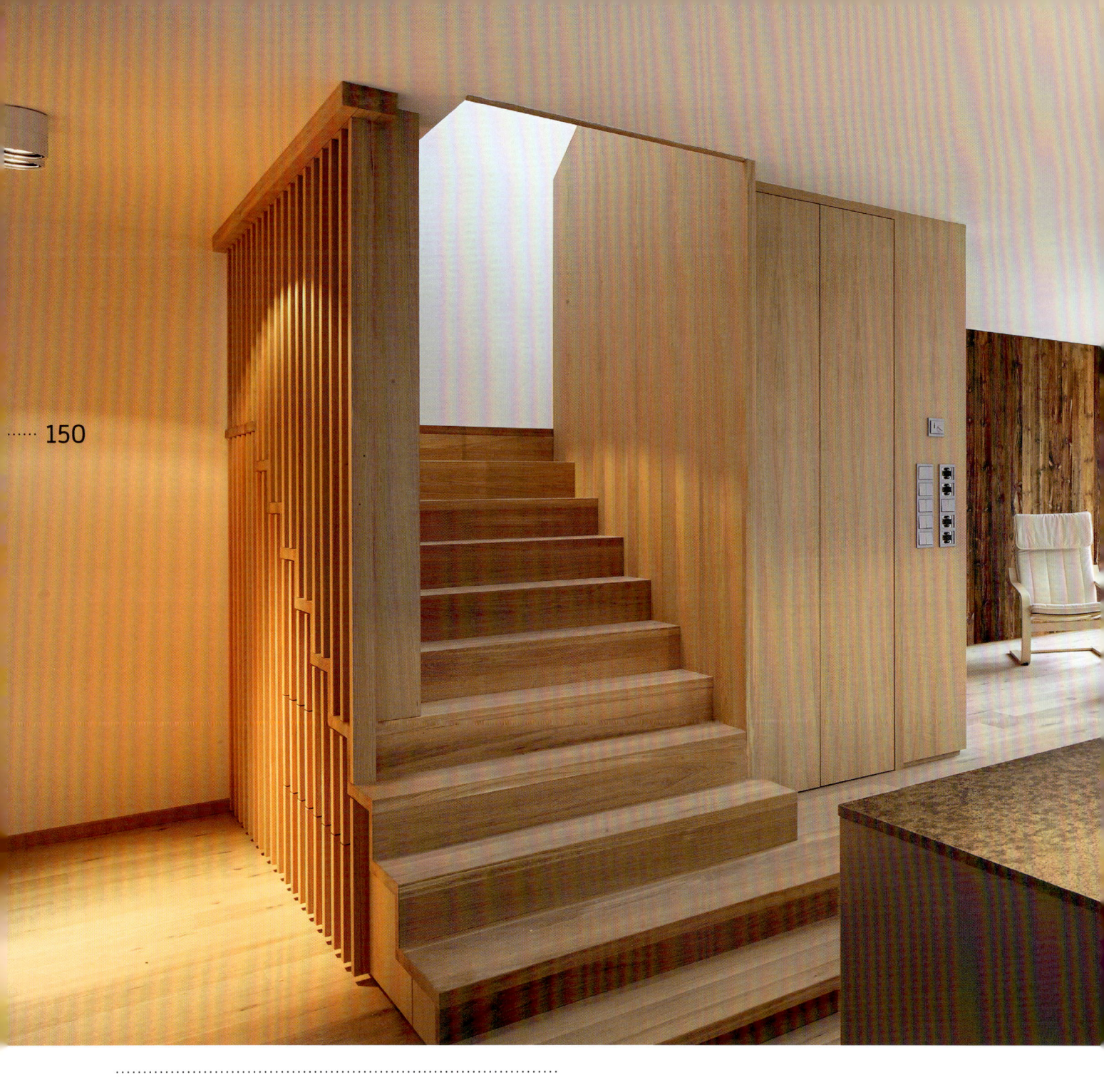

Den Eingang erreicht man im Norden über eine massive Außentreppe im Hof hinter der alten Mauer. Die Geschosse des Hauses sind an dieser Fassade ein wenig gegeneinander verschoben, dadurch entsteht über der Haustür ein geschütztes Vordach. Trotz der überschaubaren Größe bietet das Haus durch die Verbindung von fließenden Räumen, der geschossübergreifenden Öffnung mit einer Arbeitsgalerie und gleichzeitig der geschickten Zonierung durch nicht trennende Elemente wie Stufen und Kamin eine hohe Wohnqualität. Selbst für eine Speisekammer ist noch Platz.

Der Wohnraum liegt zwei Stufen höher, sein Podest ist dem darunterliegenden alten Gewölbekeller geschuldet.
Nach der Dielenschleuse lässt sich das Erdgeschoss überblicken.

Auch das Treppenhaus ist im Kern offen und stellt durch vorgezogene Stufen eine einladende Verbindung nach oben her. Stäbe auf beiden Seiten der Treppenwange gewähren Durchblick, zur Wohnraumseite sind unter den Stufen Ablagefächer eingebaut. Auf dem Boden wurden geölte Eichendielen verlegt, die Rückwand auf dem Wohnpodest ist mit dem Altholz des ehemaligen Stadels verkleidet. Das Holzthema bleibt so immer gegenwärtig. Im Obergeschoss setzt sich die funktionale Ordnung fort. Um den Kamin ist hier eine hölzerne Schrankwand eingebaut, die zur Bettenseite die Nachtkästen aufnimmt und rückseitig eine Ankleide abtrennt.

Zum Garten schließt eine gestufte Terrasse mit einer Pergola an den Wohn- und Essbereich an.

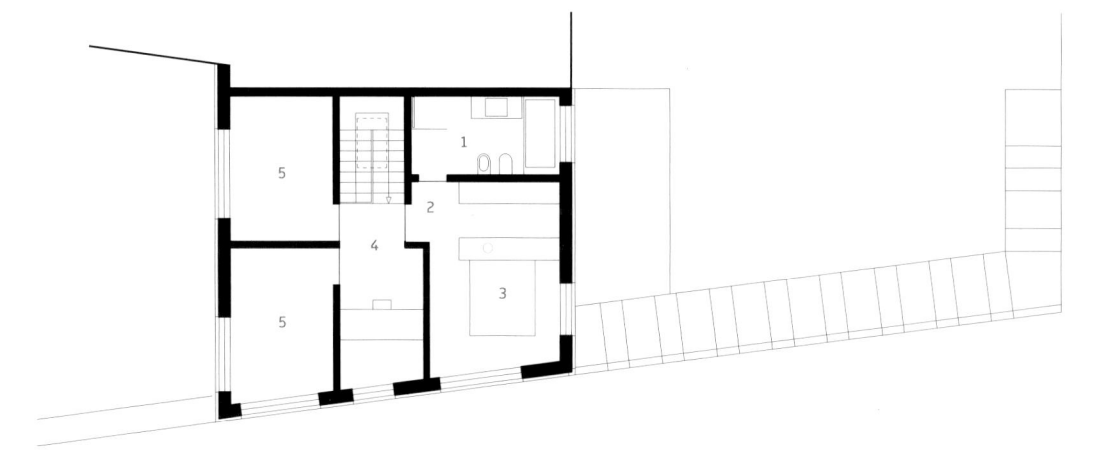

GRUNDRISS
OBERGESCHOSS
M1:200

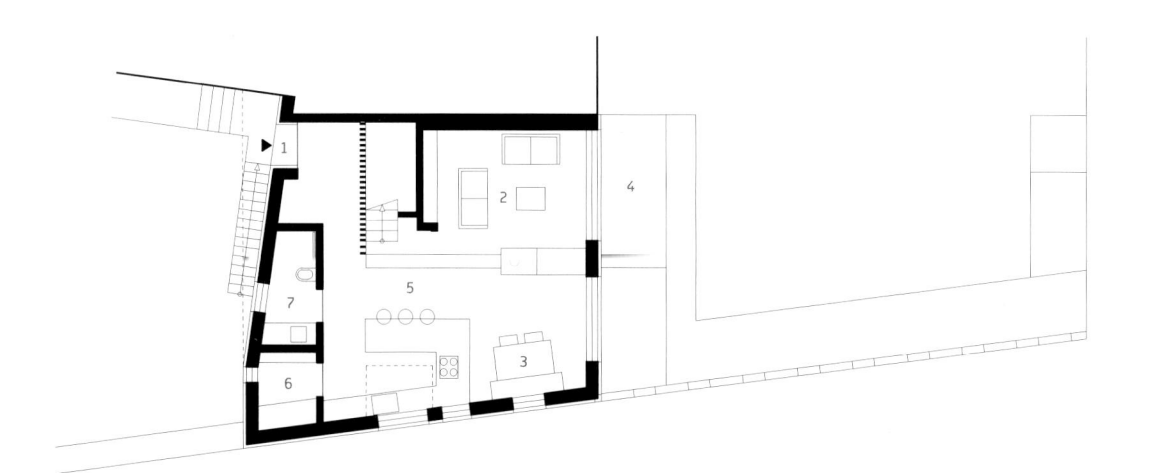

1 BAD
2 ANKLEIDE
3 SCHLAFEN
4 GALERIE
5 ZIMMER

GRUNDRISS
ERDGESCHOSS
M1:200

1 ZUGANG
2 WOHNEN
3 ESSEN
4 TERRASSE
5 KOCHEN
6 LAGER
7 BAD

Rechts: Die Treppe, die nach oben führt, birgt ein Regalmöbel. Die eingestellten Elemente und Stufen zonieren die Funktionalität.

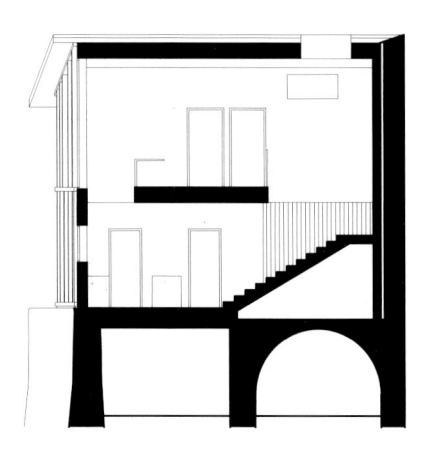

QUERSCHNITT
M1:200

Architekten Mahlknecht Comploi, I-Brixen

Grundstücksgröße:	313 m²
gesamt	1.018 m²
Überbaute Fläche:	ca. 80 m²
Wohnfläche:	110 m²
Bruttorauminhalt:	ca. 530 m³
Anzahl der Bewohner:	3
Baubeginn:	2011
Fertigstellung:	2012

Bauweise, -konstruktion, -materialien:
Holzrahmenbauweise; Fassade: Lärche naturbelassen, sägerau; Massivdecke: liegende Brettschichtholzträger, Pfetten-Sparren-Dachkonstruktion

Heizenergiebedarf: ca. 28 W/m²K

153

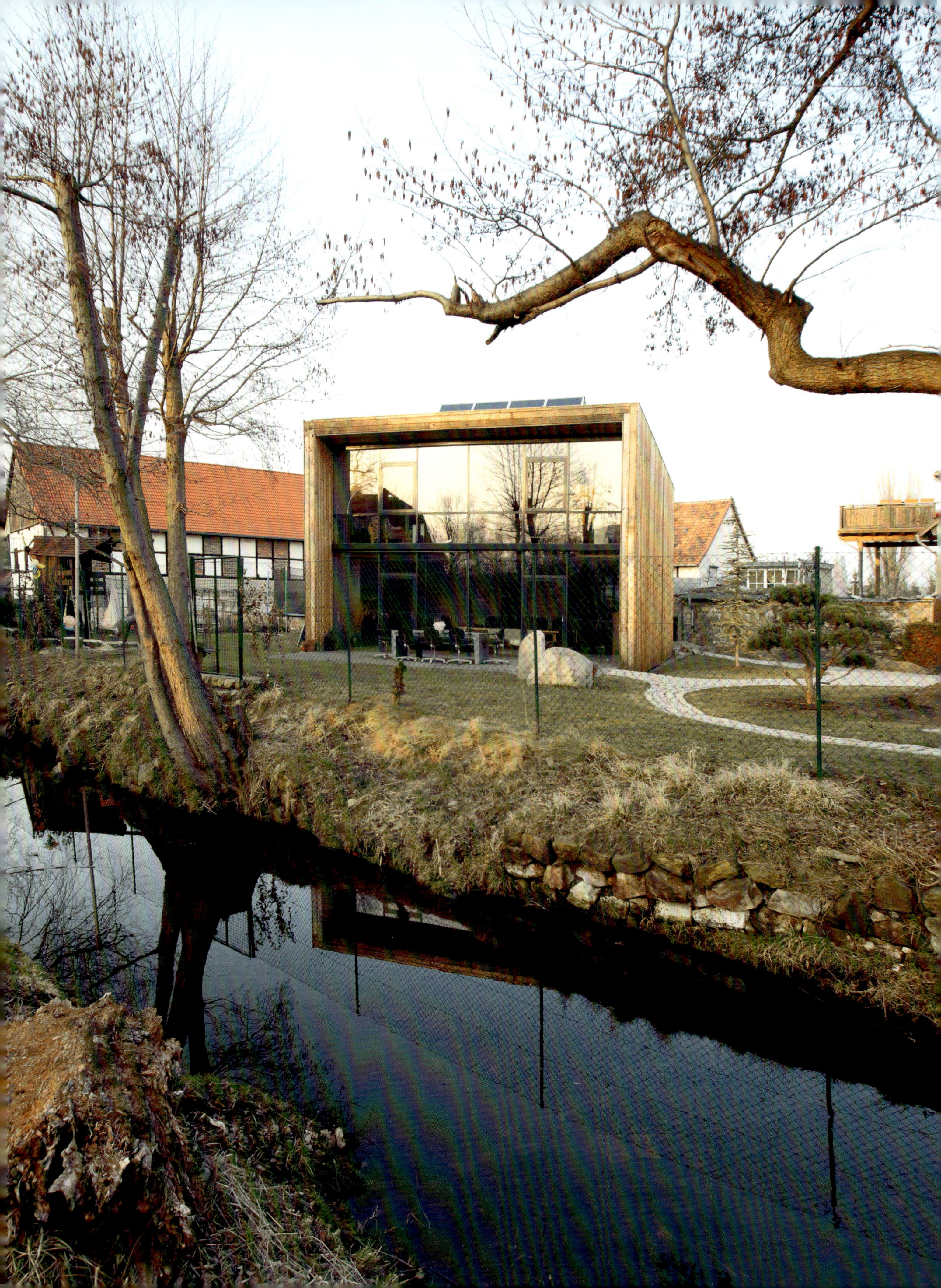

ZIMMERERHAUS IN WEDDERSLEBEN

Hahne + Saar Architekten GmbH | Wernigerode

Weddersleben ist eine Gemeinde südwestlich von Quedlinburg. Hier hat ein Zimmerer für seine Familie ein kleines Eigenheim gebaut, dort wo sie schon immer zu Hause waren. Sogar das Grundstück hatten sie schon lange Zeit aus ihrer Mietwohnung in Augenschein nehmen können. Für einen Holzbauer war die Wahl des Materials naheliegend, auch dass das Haus überwiegend in Eigenleistung errichtet werden sollte. Die Bauhölzer – Eiche und Lärche – hatte der Zimmerer in seinem Betrieb zum Lufttrocknen gelagert und daraus die Elemente für seinen geplanten Holzrahmenbau selbst hergestellt.

Wie das Haus aussehen sollte, ein Entwurf, war schnell gefunden. Mit den Architekten hatte man schon zuvor zusammengearbeitet, man wollte etwas Einfaches, „Modernes", eine bergende Hülle für vier Personen. Das Motiv der schützenden Geste zeigt das Haus deutlich: Nach Südwesten ist es über beide Geschosse vollständig verglast, während es zu den anderen Seiten zum Teil nur aus schlitzförmigen Fenstern linst. Die Öffnung zur Sonne dient aber nicht nur der Aussicht auf den Garten, der von einem Bachlauf begrenzt wird, sondern trägt maßgeblich zum Energiekonzept bei – so erfolgreich, dass man die unerwünscht aufsteigende Wärme über dem Treppenhaus mit einem Acrylglasschott dämpft. Zur regulären Winterheizung steht in einem Nebenraum ein Grundofen, der mit Restholz befeuert wird. Er ist an den Wasserkreislauf der Wandheizungen angeschlossen, die gleichzeitig über Sonnenkollektoren und eine Wärmepumpe versorgt werden.

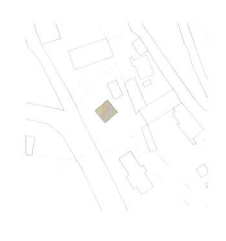

Links: Ein Haus, das sich wie ein öffentlicher Pavillon in die bäuerliche Umgebung fügt. Die prosaische Strenge der Hülle setzt sich in der Gartenanlage fort.

Im Erdgeschoss steht eine lange Tafel im Mittelpunkt des offenen Großraums.

Links: Elternschlafzimmer. Hinter dem Bett war Platz für eine Ankleidezone. Durch den Lehmputz drängt sich das Holz nicht zu sehr in den Vordergrund.

Dennoch traut man sich, die Eichendielen selbst im Bad zu strapazieren.

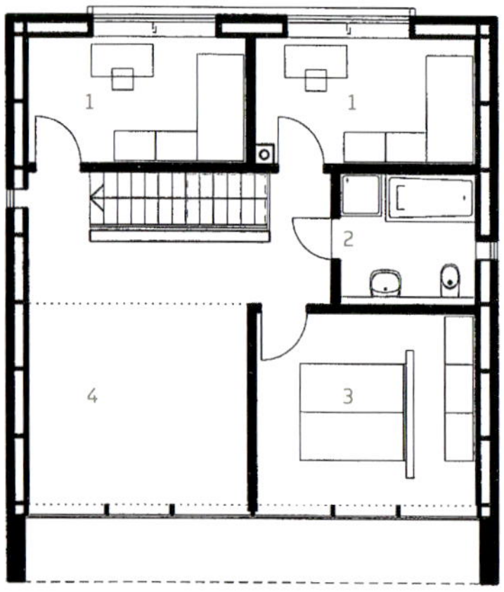

GRUNDRISS
OBERGESCHOSS
M 1:200

1 KIND
2 BAD
3 ELTERN
4 WOHNEN/ARBEITEN

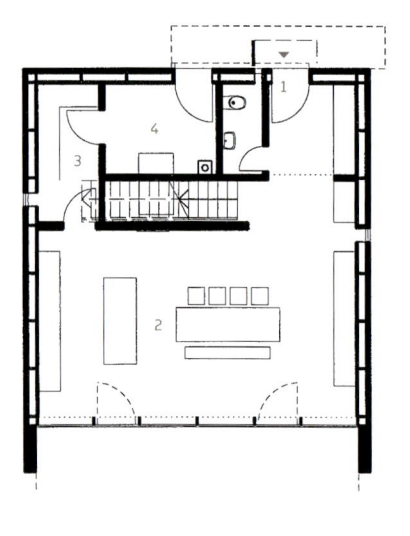

GRUNDRISS
ERDGESCHOSS
M 1:200

1 ZUGANG
2 WOHNEN/KOCHEN
3 HAUSWIRT-
  SCHAFTSRAUM
4 TECHNIK

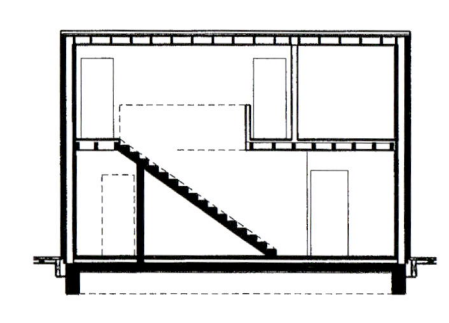

LÄNGSSCHNITT
M 1:200

Im Wohnraum hat man auf Kaminromantik verzichtet, man sieht unter der Treppe das Feuer nur durch ein kleines Fenster in der wärmenden Ofenplatte.

Die Außenwände blieben diffusionsoffen, im Rahmen stecken 260 Millimeter Mineralfaserdämmung. An der Fassade wurden die senkrechten Lärchenbretter sägerau belassen, innen überzieht ein glatter Lehmputz mit einem Silkatanstrich die Wände. Die Raumteilungen im Erdgeschoss sind aus Kalksandsteinen gemauert, im Obergeschoss mit drei Zimmern und einer offenen Wohn- und Arbeitsdiele stehen Holzständerwände. Eine Staubsauganlage gehört zur besonderen Ausstattung.

Hahne + Saar Architekten GmbH, Wernigerode
Grundstücksgröße:	1.017 m²
Überbaute Fläche inkl. Terrasse und Eingangsbereich	138 m²
Wohnfläche:	133,45 m²
Nutzfläche:	140,65 m²
Bruttorauminhalt:	590 m³
Anzahl der Bewohner:	4
Baubeginn:	2009
Fertigstellung:	2010

Bauweise, -konstruktion, -materialien:
Rohbau: diffusionsoffener Rahmenbau; Außenwände: Holzrahmen; Innenwände: massiv; Fassade: Bodendeckelschalung; Dachkonstruktion: geneigtes Pultdach

Baukosten gesamt (KG 300 + 400 HOAI):	130.000 €
Baukosten je m² Wohn- und Nutzfläche:	875 €
Primärenergiebedarf:	31,07 kWh/m²·a
Heizenergiebedarf:	22,44 kWh/m²·a

Die übrigen Fassaden geizen mit Öffnungen, sie beschränken sich auf Schlitze in der sägerauen Lärchenholzverschalung.

158

ZWEI EBENEN MIT AUSBLICK BEI DEGGENDORF

Hiendl Schineis Architektenpartnerschaft | Passau

Ein Haus, dessen Grundrisse vielfache Wohn- und Nutzungsmöglichkeiten bieten. Der Bauherr kannte ein anderes Haus der Architekten und war überzeugt, von ihnen etwas zu bekommen, was seinen Vorstellungen genau entsprechen würde. Zusammen hat man sich dann verschiedene Grundstücke in der Umgebung von Deggendorf angesehen – und sich schließlich für das am schwierigsten zu bebauende entschieden, das aber den großartigsten Ausblick über den Speichersee des Wasserkraftwerks im Ortsteil Mietraching bot. Die Zufahrt war eng, das Gelände fiel nach Norden ab, nach Süden gab es nur die Straße und keinen Ausblick, die Nachbarschaftsverhältnisse galten als heikel.

Aus diesen hinderlichen Vorgaben entwickelten die Architekten ein Haus, das sich unverwechselbar in das Hanggrundstück fügt. Die Staffelung erlaubt es der Sonne, von Süden tief in das Haus zu dringen. Von unten betrachtet schieben sich die beiden raumhoch verglasten Geschosse wie Schubladen in das Gelände, gerahmt vom schwarzen Holz der sägerauen Fichtenbretter, als sollte der Eingriff in der Natur verschwinden. Als Konstruktion hat man sich für eine Holzrahmenbauweise entschieden; außer den bekannten ressourceneffektiven Qualitäten half hier der hohe Vorfertigungsgrad, mit den beengten Platzverhältnissen auf der Baustelle zurecht zu kommen. Gedämmt wurde mit Holzfasern, geheizt wird mit einer Luftwärmepumpe, was beinahe zum Passivhausstandard reicht.

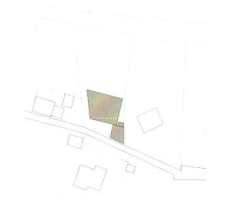

Der Himmelsrichtung ein Schnippchen schlagen! Die großflächige Verglasung richtet sich zwangsläufig nach Norden, dafür bietet sie einen zauberhaften Ausblick über den Stausee in die Landschaft.

GRUNDRISS
ERDGESCHOSS
M 1:200

1 ZUGANG
2 ESSEN
3 KOCHEN
4 WOHNEN
5 ZIMMER
6 BAD
7 GRÜNDACH

GRUNDRISS
UNTERGESCHOSS
M 1:200

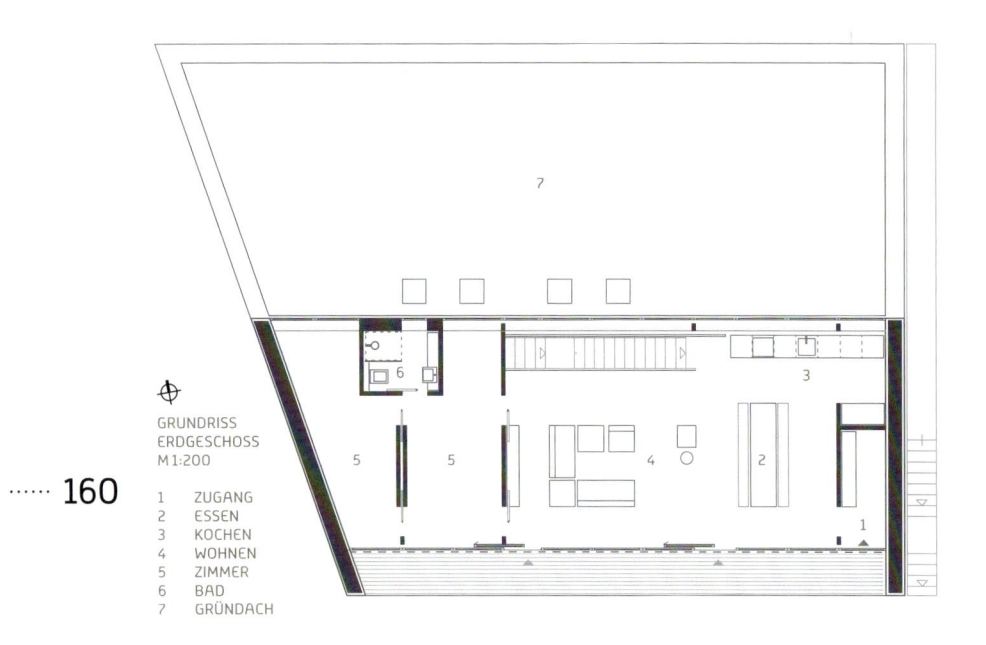

1 ARBEITEN
2 TECHNIK
3 HAUSWIRT-
  SCHAFTSRAUM
4 ANKLEIDE
5 SCHLAFEN
6 FREISITZ
7 BAD
8 WOHNEN

Durch die Treppe erhält der linear organisierte Grundriss eine willkommene skulpturale Störung: Die Räume ändern ihre Richtung, sie weichen zur Talseite aus.

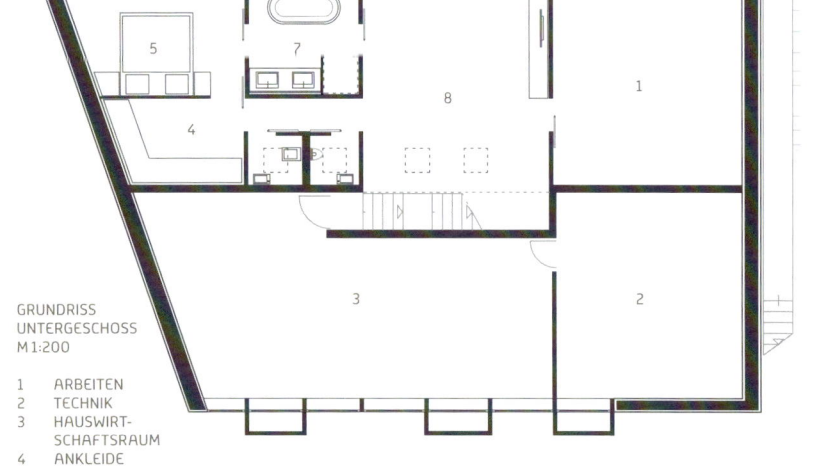

Hiendl Schineis Architektenpartnerschaft

Grundstücksgröße:	1.500 m²
Überbaute Fläche:	320 m²
Wohnfläche:	190 m²
Nutzfläche:	80 m²
Bruttorauminhalt:	995 m³
Anzahl der Bewohner:	3
Baubeginn:	2011
Fertigstellung:	2012

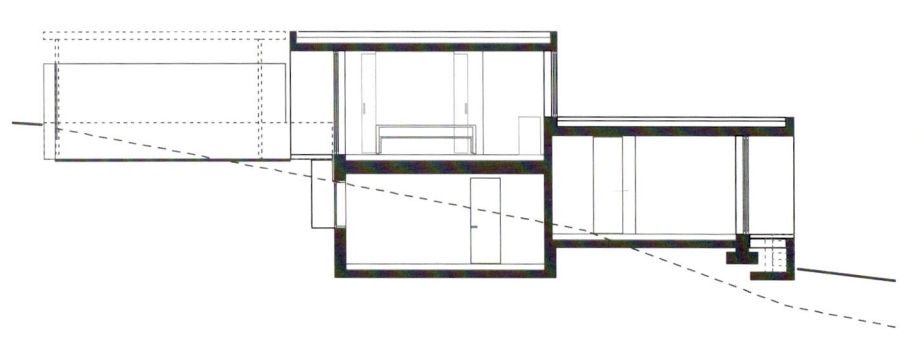

LÄNGSSCHNITT
M 1:200

Man betritt das Haus auf der oberen Ebene. Hinter einem offenen Großraum für Kochen, Essen und Wohnen erreicht man die beiden Kinderzimmer, die sich durch Schiebetüren zusammenschalten (bzw. einmal als Gäste- oder Arbeitsräume nutzen) lassen. Nach Norden sieht man über das Dach des tiefer liegenden Elterngeschosses, dessen Flachdach auf Brüstungshöhe talseitig anschließt. Mit einem ganzen Geschosssprung führt die Treppe weiter in die unter der Eingangsebene liegenden Kellerräume.

Die Räume sind vollständig mit unbehandeltem Lärchenholz ausgeschlagen, also die Innenflächen der Außenwände, Decken und Böden. Nur die Zwischenwände und raumhohen Schiebetüren heben sich als weiße Zäsuren ab. Die Längsseiten werden im Norden und Süden von durchgehenden, von den Dächern und Hausflanken geschützten Freisitzen begleitet. Die Autostellplätze an der Straße sind offen und überdacht, seitlich folgt ein durch viel Grün gesäumter Innenhof, der sich für die niederbayrischen Sommermonate anbietet.

Die hochliegenden Südfenster holen die Sonne bis zur Glasfront auf der Nordseite.

Oben: Aus der Wanne sieht man bis zum richtigen See.

Unten: Der obere Wannenraum.

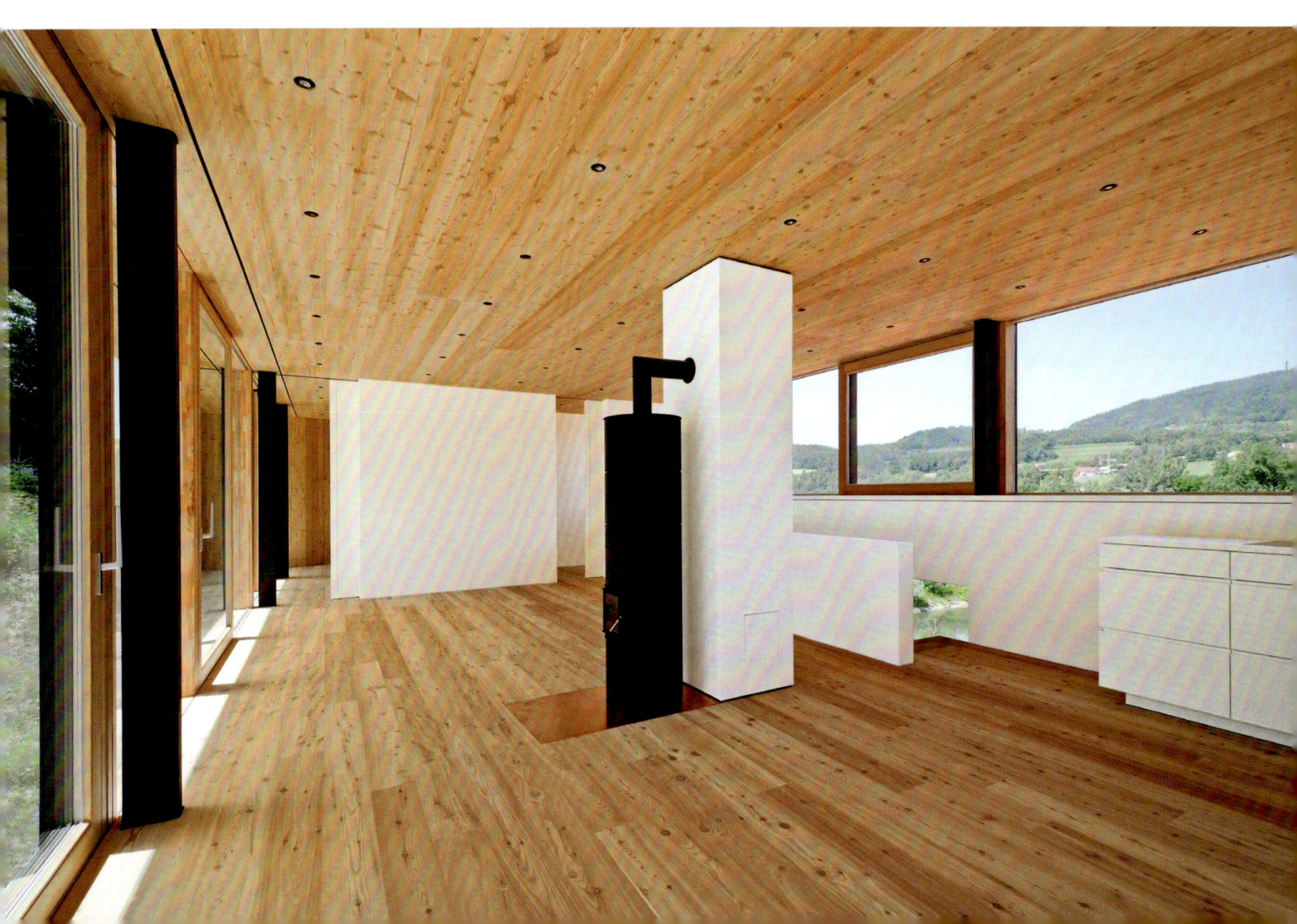

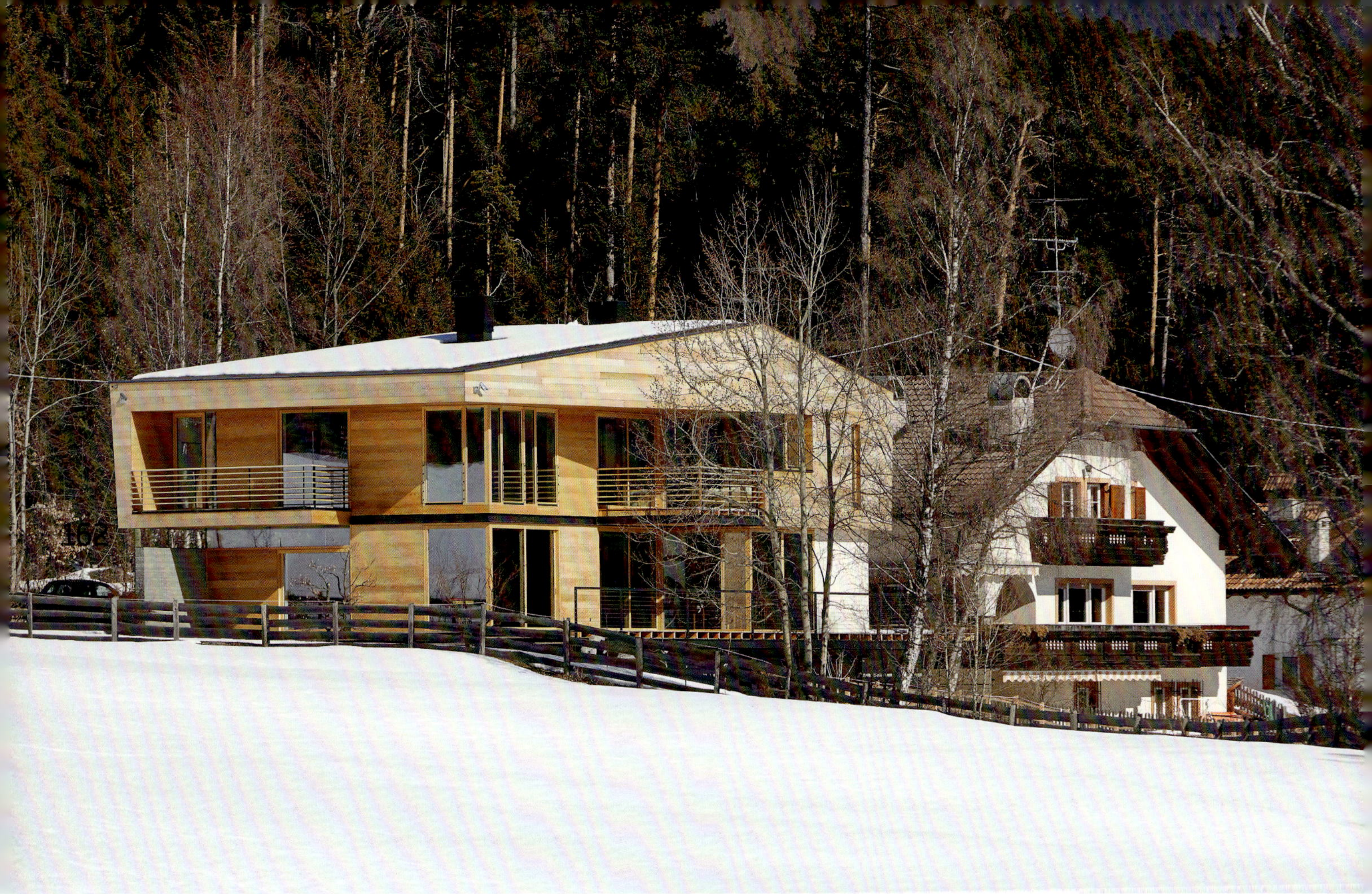

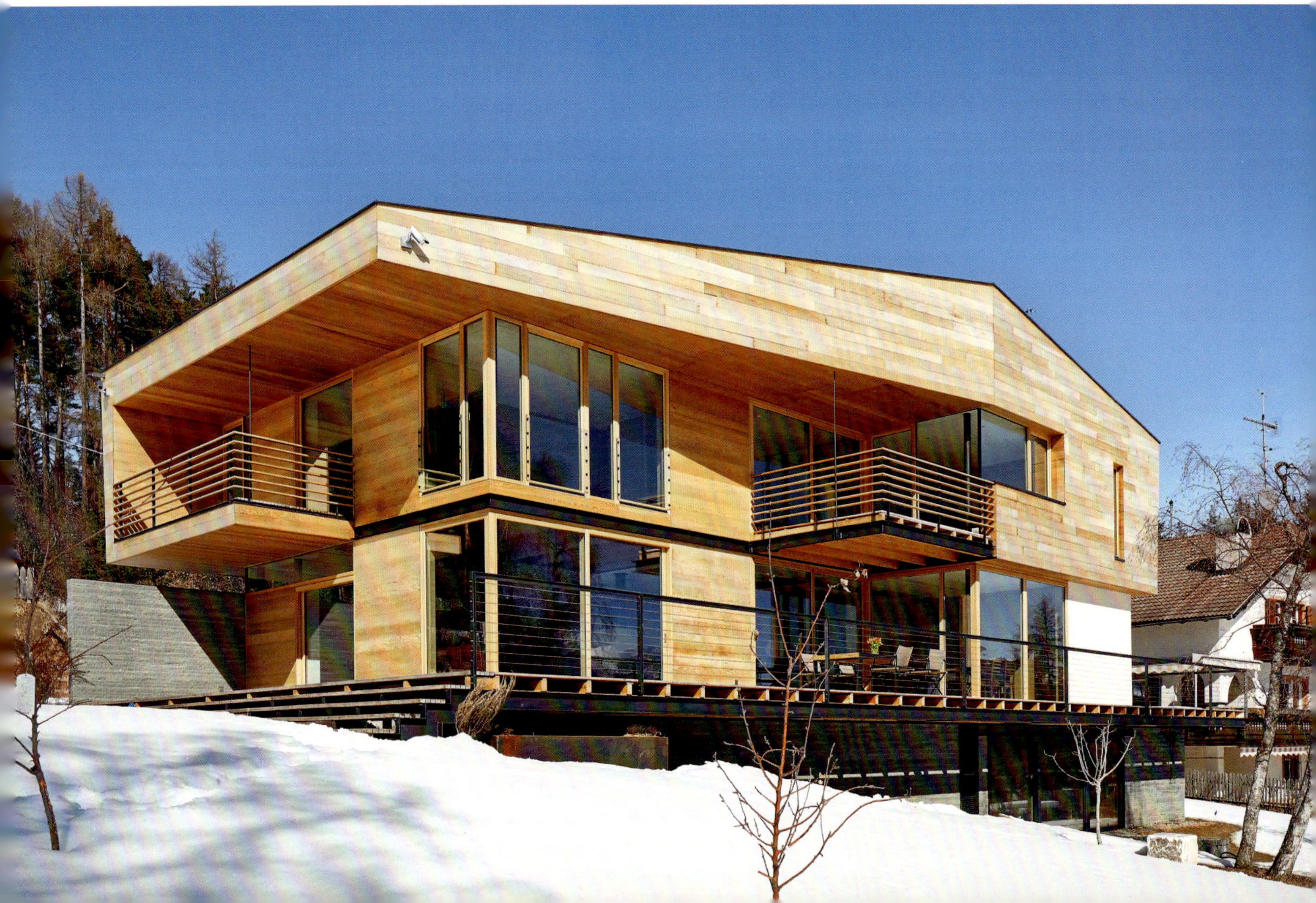

ALPINES REFUGIUM AUF DEM RITTNER HOCHPLATEAU

Valtingojer Architekten | I – Meran

163

Im Frühjahr 2013 wurde die Strecke der historischen Schmalspurbahn Klobenstein – Oberbozen – Maria Himmelfahrt instand gesetzt. Dies hätte Bergwanderern in Südtirol Gelegenheit bieten können, dieses Haus zu entdecken. Es steht in traumhafter Lage an der Sigmund-Freud-Promenade auf dem Rittner Hochplateau mit Blick in die Dolomiten.

Seine Gestaltung orientiert sich in Proportion, Material und Geometrie an den traditionellen Sommerhäusern der Umgebung, jedoch ohne folkloristische Details zu übernehmen. Es steht in leicht geneigter Hanglage auf einem massiv gemauerten Sockel, der mit einheimischem Porphyr verkleidet wurde. Die beiden Geschosse sind als konstruktiver Holzbau ausgeführt, wobei das auskragende Obergeschoss die Funktion der ortsüblichen Dachvorsprünge übernimmt. Mit seiner mäßigen Neigung und dem flachen Übergang zur Promenade erinnert das Dach an die hier typischen Krüppelwalmdächer. Die glatten, mit Zedernholz verschalten Fassaden bilden mit den eingeschnittenen raumhohen Verglasungen ein verlässliches Volumen, unter dessen Auskragungen auf der Terrasse geschützte Aufenthaltsbereiche entstehen. Mit einem leichten Verziehen und Knicken der Kontur be-

Links oben: Die Fortsetzung der Tradition mit anderen Mitteln. Dennoch sperrt sich das Haus nicht gegen den Kontext des regionalen Bauens.

Links unten: Mit kräftigen Konturen besetzt es das Traumgrundstück. Die Schrägen der Fassade reagieren auf die Topografie.

Ruheplatz auf der Mediengalerie. Der Ausblick über den Balkon gewährt entspannende Ablenkung.

164

zieht sich der Baukörper auf die Falllinie des Geländes und holt das spektakuläre Bergpanorama in den Innenraum.

Die Fenster lassen von außen bereits erahnen, wie sich die innere Organisation verteilt. Zur Promenade gibt sich die Fassade mit schmalen Fensterschlitzen und einem von einem Lattenrost verwahrten Balkon distanziert. Der Eingang liegt hinter einer soliden Porphyrmauer. Nach dem Windfang, von dem die Treppen abgehen, erlebt man im Erdgeschoss eine offene Raumfolge für Kochen, Essen und Wohnen mit einer nach Süden gerichteten Terrasse. Angelpunkt ist ein gemauerter Kaminofen, der einen Teil des Wärmebedarfs liefert, durch die Deckenaussparung der Galerie sogar bis ins Obergeschoss. Dorthin führt eine wie Bergstufen gefaltete Holztreppe; oben setzt sich die räumliche Großzügigkeit für die beiden Bewohner, ein Ärztepaar, fort. Zwei Schlafräume, verschwenderische Bäder und drei Balkone bestimmen das Lebensgefühl, zu dem im Untergeschoss noch ein veritabler Saunabereich gehört.

Der Charakter eines Holzhauses wird auch innen nicht verleugnet. Möbel, Böden und Wandverkleidungen sind mit geölter, weiß pigmentierter Eiche ausgeführt. Sie bilden einen ruhigen, einheitlichen Hintergrund für den Blick auf die traumhafte Bergkulisse.

Zweifellos ein Holzhaus: Die Innenräume setzen die Konstruktion mit der Sorgfalt des Möbelbaus fort.

Links: Der Eingang ist keine zufällige Öffnung nach außen. Er bietet dem Ankommenden Schutz, Stufen definieren das Private, und von oben kann man sich unauffällig einen Blick gestatten.

GRUNDRISS
OBERGESCHOSS
M 1:200

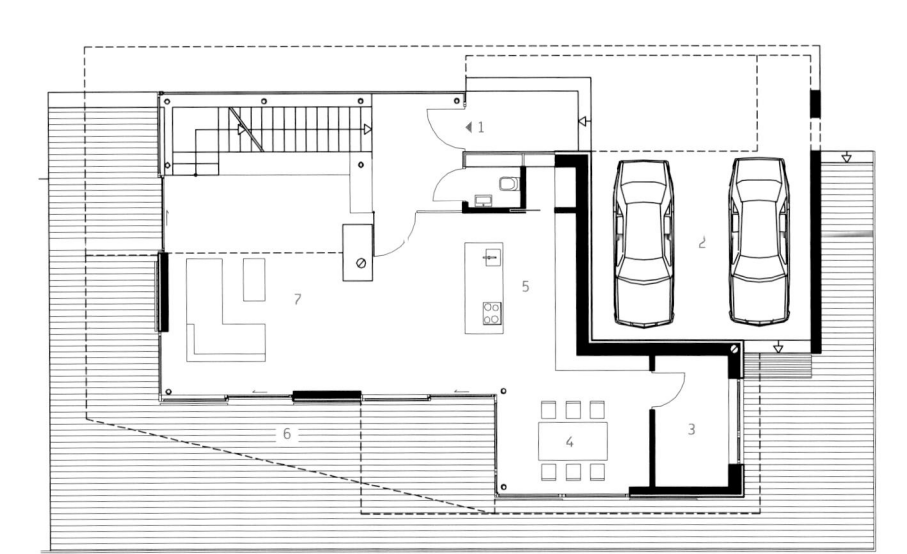

1 LUFTRAUM
2 BAD
3 SCHLAFEN
4 BALKON
5 GALERIE

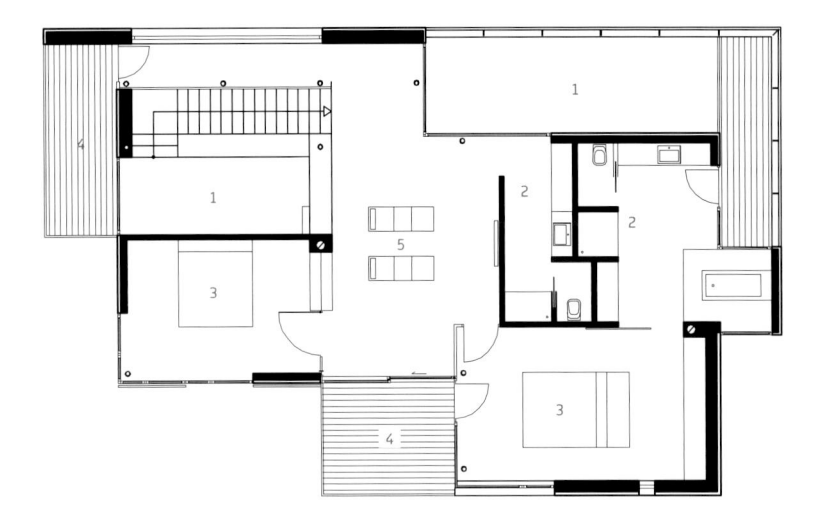

GRUNDRISS
ERDGESCHOSS
M 1:200

1 ZUGANG
2 GARAGE
3 ABSTELLRAUM
4 ESSEN
5 KOCHEN
6 TERRASSE
7 WOHNEN

LÄNGSSCHNITT
M 1:200

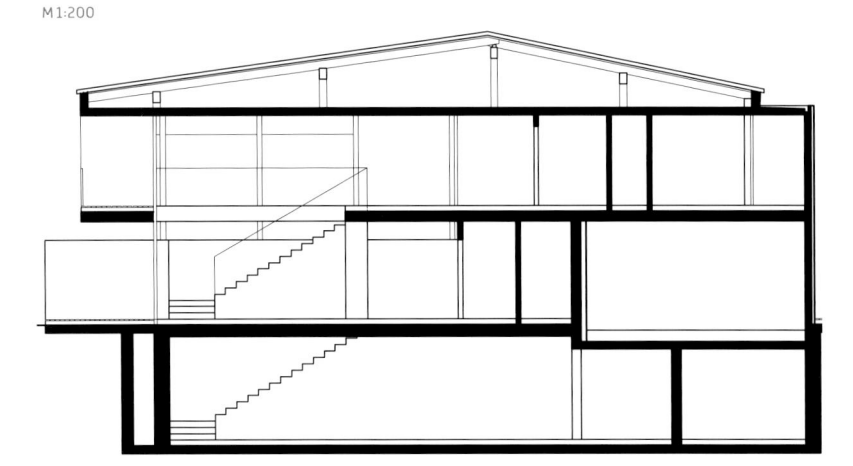

Valtingojer Architekten, I-Meran	
Grundstücksgröße:	1.121 m²
Überbaute Fläche:	150 m²
Wohnfläche:	212 m²
Nutzfläche:	115 m²
Bruttorauminhalt:	1.225 m³
Anzahl der Bewohner:	2
Baubeginn:	2010
Fertigstellung:	2012

Bauweise, -konstruktion, -materialien:
UG: massiv, EG und OG: Holzriegelkonstruktion mit vorgefertigten Wandelementen, Stahl-Holz-Tragwerk, Fassade: verputztes Mauerwerk im Sockelbereich, EG und OG: hinterlüftete Holzfassade, Walmdach: Sparrendach

Heizenergiebedarf:	45,90 kWh/m² · a
Zertifiziert:	Klimahaus B

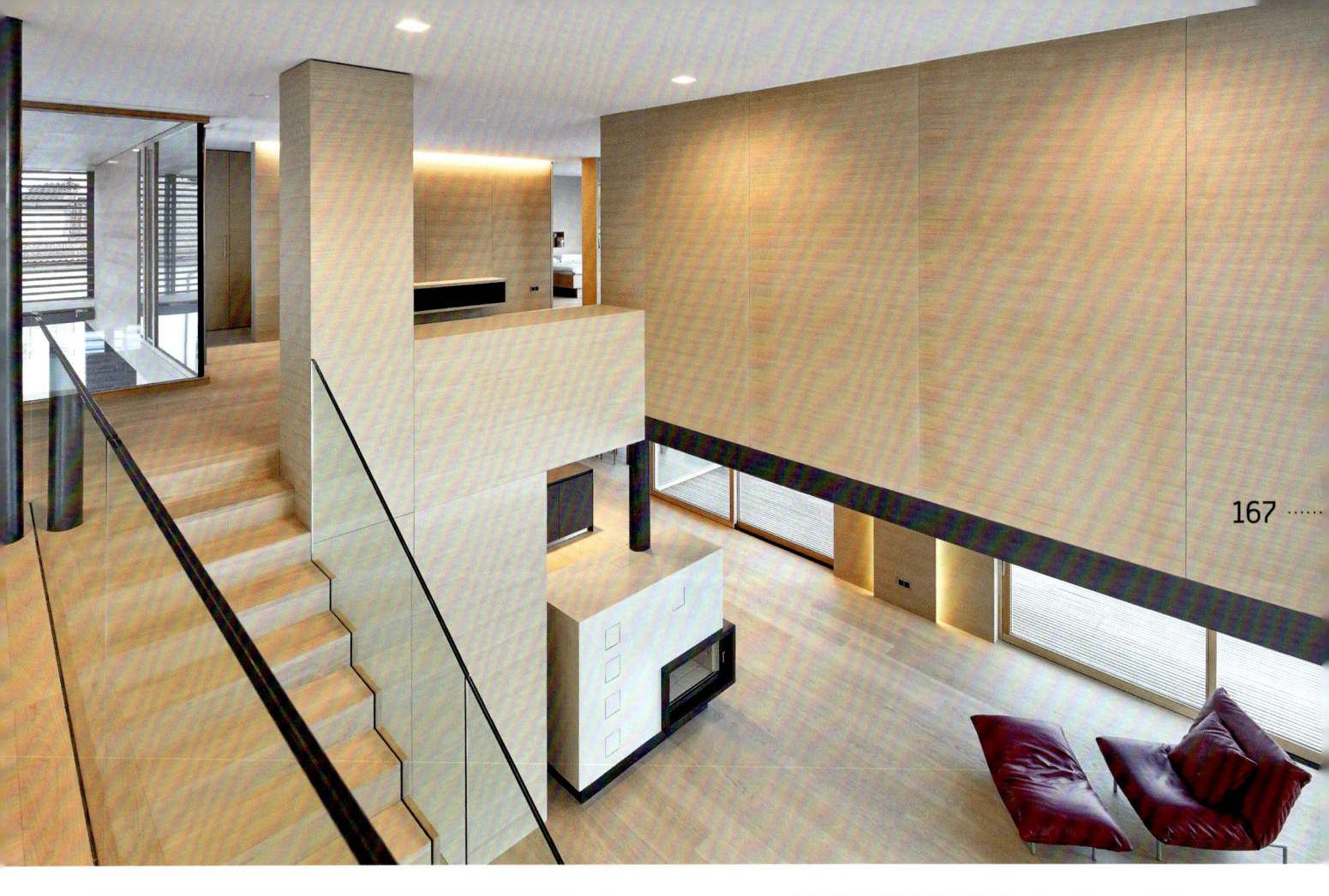

Um die Treppe winkelt sich eine Galerie, sie lässt das Volumen des Wohnraums erleben.

Badespaß: kein Einblick, aber ein famoser Ausblick.
Die Rückwand wiederholt das Motiv des Haussockels.

168

HAUS MIT DACHSCHWIMMBAD IN DILLINGEN

Gumpp.Heigl.Schmitt Architektenpartnerschaft | München

Dies ist ein eigenwilliges Haus, nicht weil der Pool, den man sonst zu ebener Erde im Garten erwartet, auf das Dach gestemmt wurde, sondern weil die Holzbauweise nur im Innenraum sichtbar wird und sich das Tragwerk mit einer Stahlbetonkonstruktion teilt.

Das Einfamilienhaus mit seiner winkelförmig vorgelagerten Garage zeigt den Holzbau also erst auf den zweiten Blick. Die Vorteile ergeben sich durch die hoch wärmegedämmten Fassaden, die mit diffusionsoffenen, verputzten Holzweichfaserplatten entweder den Holzrahmenbau oder die Stahlbetonwände abschließen. Außerdem bleiben die weiß lasierten Dickholzdecken unverkleidet und bringen das natürliche, tragende Material zur Geltung. Auch die Böden sind mit raumlangen Eichendielen ausgelegt, die Decke im Obergeschoss ist mit Red-Cedar-Paneelen verkleidet, und die Holz-Alu-Rahmen der Fenster sowie die Terrassen aus Thermo-Esche lassen das Holzthema sichtbar werden. Sonst wollte die Bauherrschaft einen weiß verputzten, kantigen Baukörper.

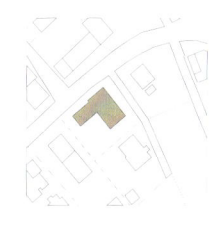

Links: Von außen würde man nicht vermuten, dass viele Bauteile des glatt geputzten Hauses aus Holztafeln und Holzwerkstoffen bestehen.

Neben dem Winkel der Garage liegt nach Süden eine geschützte Terrasse.

Der Essplatz erreicht eine Höhe von 4,5 Metern. Vom oberen Flur kann man durch eine Scheibe nach unten sehen (Foto unten).

Das Untergeschoss ist betoniert, erschlossen über die interne Treppe und die Garage, außerdem besitzt das Haus einen Aufzug, der alle Geschosse komfortabel verbindet. Darüber ist der längsrechteckige Grundriss geteilt: Nach dem Eingang erreicht man hinter der Garderobe erst ein separates Arbeitszimmer und kleinere Nebenräume, hinter einer Tür empfängt dann der Wohnbereich. Der offene Raum ist funktional gegliedert. Entlang des Küchentresens geht es zum Essplatz, der in der Höhe bis ins Obergeschoss reicht, wo der Flur mit einem Galeriefenster endet. Die gemütliche Sitzecke erhält durch eine Schrankwandscheibe und einen Kamin private Distanz. Im Obergeschoss reihen sich zu beiden Flurseiten Eltern-, Kinder- und Gästezimmer, ergänzt durch Sanitärräume und Ankleide. Großzügig setzt sich die Holztreppe in gerader Linie fort, sie führt zum Spa-Bereich auf dem Dach, der wie ein typisches Penthouse von einer winkelförmigen Terrasse ergänzt wird. Von hier hat man einen weiten Blick über die Altstadt.

Vorgefertigte Holzkonstruktion und Ortbetontragwerk wurden präzise und unabhängig voneinander gefertigt. Ohne weiteres Kontrollmaß ließen sich die Bauteile passgenau zusammenfügen. Das Haus wurde vom Bauunternehmen schlüsselfertig übergeben.

Der Kamin gliedert den offenen Wohnraum und schenkt der Sitzgruppe ein wenig Intimität.

Die Küchenschränke verschwinden in Wandnischen. Neben der Spüle gibt es eine Speisekammer.

„Himmelsleiter" nennt man solche linear fortlaufenden Treppenläufe gerne. Sie geben einem Haus Großzügigkeit.

GRUNDRISS
DACHGESCHOSS
M 1:200

1 POOL
2 DACHTERRASSE
3 FITNESS
4 AUFZUG
5 RELAXEN

GRUNDRISS
OBERGESCHOSS
M 1:200

1 BAD
2 LUFTRAUM
3 KIND
4 SCHLAFEN
5 ANKLEIDE
6 GAST
7 AUFZUG

Gumpp.Heigl.Schmitt Architektenpartnerschaft, München

Grundstücksgröße:	1.060 m²
Überbaute Fläche:	305 m²
Wohnfläche:	361 m²
Nutzfläche:	227 m²
Bruttorauminhalt:	2.577 m³
Anzahl der Bewohner:	2–5
Baubeginn:	2011
Fertigstellung:	2012

Bauweise, -konstruktion, -materialien:
Mischkonstruktion Stahlbeton, Holztafelbau,
Dickholzdecken Fichte deckend lasiert,
mit Aufdachdämmung und Sarnafildachabdichtung

Primärenergiebedarf:	26,0 kWh/m² · a
Heizenergiebedarf für Raumwärme:	24,23 kWh/m² · a

GRUNDRISS
ERDGESCHOSS
M 1:200

1 ZUGANG
2 HAUSWIRT-SCHAFTSRAUM
3 KOCHEN
4 ESSEN
5 WOHNEN
6 ARBEITEN
7 GARAGE
8 AUFZUG

Rechts: Wellness im Penthouse. Eine Terrasse holt die Freibad-Atmosphäre dazu.

Das Schwimmbecken ruht in einem Stahlbetontrog. Die Terrassenfassade ist raumhoch verglast, geschlossene Felder sind außen mit Corian-Tafeln verkleidet.

173

ARCHITEKTEN- UND FOTOGRAFENVERZEICHNIS

Robert Albertin
Dipl. Architekt FH/SIA/SWB/REG A
Alpweg 14
CH–7023 Haldenstein
ra@albertin-architektur.ch
www.albertin-architektur.ch
Fotograf S. 5 rechts, 26-29, 31, Umschlag Rückseite,
Foto links: Robert Albertin, CH-Haldenstein

studio Albori
Emanuele Almagioni,
Giacomo Borella, Francesca Riva
architetti associati
via Lazzaro Papi 20
I–20135 Mailand
studio@albori.it
www.albori.it
Fotograf Vorsatz u. Schmutztitel, S. 134 f., S.136
unten beide, 137, 139: Alberto Sinigaglia,
www.albertosinigaglia.net
S. 136 oben, 139 unten: Giovanni Forte

arge.ateliers
Mag. arch. Georg Hochleitner
Ing. Wolfgang Gebetsroither
Pensionatstraße 14–16
A-4810 Gmunden
office@argeateliers.com
www.argeateliers.com
Fotograf S. 48-51:
Rupert Asanger, rupert@gmx.net

atelier-f architekten
Kurt Hauenstein dipl. Architekt ETH SIA
Daniel Jäger, Stefanie Cramer
Kirchgass 1
CH–7306 Fläsch
architektur@atelier-f.ch
www.atelier-f.ch
Fotograf S. 64-67: atelier-f, CH–Fläsch

Baumann Roserens Architekten ETH
SIA BSA Lorenz Baumann, Alain Roserens
Mitarbeit: Sonja Casty, Mike Bürgi
Limmatstraße 285
CH–8005 Zürich
br@brarch.ch
www.brarch.ch
Fotograf S. 108-111: Roger Frei, www.rogerfrei.com

Georg Bechter
Architektur+Design
Bach 201/2
A–6941 Langenegg
Georg@bechter.eu
www.bechter.eu
Fotograf S. 5 links, 38 f., 41: Adolf Bereuter,
www.adolfbereuter.com

Judith Benzer Architektur
DI Judith Benzer
Hofmühlgasse 7a / 16
A–1060 Wien
office@judithbenzer.com
www.judithbenzer.com
Fotograf Cover, S. 5 links, 20-23: Martin Weiß
www.pool2b.net

camponovo baumgartner architekten
Atelier Kanzlerei
Kanzleistraße 136
CH-8004 Zürich
Merzenacker 59
CH–3006 Bern
info@cb-arch.ch
Fotograf S. 4 rechts, 102-105, 107: José Hevia,
www.josehevia.es

destilat Design Studio GmbH
DI Wolfgang Wimmer
Laimgrubengasse 4/8
A–1060 Wien
staatl. befugter u. beeideter ZT
Rainerstraße 25
A–4020 Linz
office@destilat.at
www.destilat.at
Fotograf S. 128-131, 133: Mark Sengstbratl,
www.marksengstbratl.net

Max Dudler Architekten AG
Projektleitung: Nicole Gamisch
Kasernenstraße 97
CH–8021 Zürich
info@maxdudler.ch
www.maxdudler.com
Fotograf S. 68-71, 73: Ralph Feiner Fotografie,
www.feinerfotografie.ch

Kimmo Friman
Architect SAFA
Apollonkatu 23 B 52
FL–00100 Helsinki
Fotograf S. 52-55, 57: KUVIO architectural
photography (Anders Portman and Martin
Sommerschield), www.tuvio.com

FRPO – Rodriguez & Oriol Arquitectos
Cea Bermudez 65 8D
SP–28003 Madrid
frpo@frpo.es
Fotograf S. 144 f., 147 : Miguel de Guzman, Madrid

Gumpp.Heigl.Schmitt
Architektenpartnerschaft
Dipl. Ing. Architekt Michael Gumpp, Dipl. Ing. Georg
Glas, Dipl. Ing. Pavla Ryzlerova
Müllerstraße 43
80469 München
gumpp@gumpp-heigl-schmitt.de
www.gumpp-heigl-schmitt.de
Fotograf S. 168-171, 173: Brigida Gonzales,
www.brigidagonzales.de

Hahne + Saar Architekten GmbH
Am Sonnenbrink 6
38855 Wernigerode
kontakt@hahne-saar.de
www.hahne-saar.de
Fotograf S. 154-157: Hahne + Saar Architekten GmbH

Hiendl Schineis Architektenpartnerschaft
Ledererstraße 2
94032 Passau
Im Sack 3a
86152 Augsburg
buero@hiendlschineis.com
www.hiendl-schineis.com
Fotograf S. 158-161: Eckhart Matthäus,
www.em-foto.de

Roman Hutter Architektur GmbH
Roman Hutter, Harry Heyck
Werftestraße 2
CH–6005 Luzern
mail@romanhutter.ch
www.romanhutter.ch
Fotograf S. 118-121: Markus Käch, Emmenbrücke

Kaden Klingbeil
Esmarchstraße 3
10407 Berlin
info@kaden-klingbeil.de
www.kaden-klingbeil.de
Fotograf S. 7 unten rechts, 80, 83: Kaden Klingbeil

Architekten Hermann Kaufmann ZT GmbH
Sportplatzweg 5
A–6858 Schwarzach
office@hermann-kaufmann.at
www.hermann-kaufmann.at
Fotograf S. 16-17, 74-77, 79: NAM Architekturfotografie, Dipl.-Ing. Norman A. Müller,
www.namarchitektur.com

k_m architektur
Daniel Sauter, Markus Willmann
Glockengieße 2
A–6900 Bregenz
Hochbucherweg 58
88131 Lindau
info@k-m-architektur.com
www.k-m-architektur.com
Fotograf S. 5 rechts, 122-125, 127, Umschlagsrückseite: Architekturfotografie Sabrina Scheja,
www.sabrinascheja.com

Lischer Partner Architekten Planer AG
Bruchstraße 5
CH–6003 Luzern
info@lischer-partner.ch
www.lischer-partner.ch
Fotograf S. 32-35, 37: Roger Frei Architekturfotografie, www.rogerfrei.com

Philip Lutz ZT GmbH
Seestraße 5/5
A–6900 Bregenz
pl@philiplutz.at
www.philiplutz.at
Fotograf S. 18-21: Robert Fessler, r.fessler@aon.at

Architekten Mahlknecht Comploi
Arch. Thomas Mahlknecht, Arch. Igor Comploi,
Arch. Philipp Kammerer
Via Vittorio Venetostraße 69
I-39042 Brixen, Bressanone
Via Meisulesstraße 34
I-39046 St. Ulrich, Ortisei

architekten@mahlknecht-comploi.com
www.mahlknecht-comploi.com
Fotograf S. 148-151, 153: Günther Richard Wett,
fotogrw@yahoo.de

Miller & Maranta
Quintus Miller, Paolo Maranta, Jean-Luc von
Aarburg, Maya Scheibler
Dipl.-Architekten ETH BSA SIA
Schützenmattstraße 31
CH–4051 Basel
info@millermaranta.ch
www.millermaranta.ch
Fotograf S. 140 f., 143: Ruedi Walti,
ruediwalti@bluewin.ch

Schuberth und Schuberth ZT KG
Arch. Gregor Schuberth (geschäftsführend)
Dipl.-Ing. Johanna Schuberth
Dürergasse 17/7
A–1060 Wien
kontakt@schuberthundschuberth.at
www.schuberthundschuberth.at
Fotograf S. 4 links, 90-95: Christoph Panzer

Staatlich befugter und beeideter Ziviltechniker
Architekt Dipl.-Ing. Dr. techn. Karl-Heinz Schwarz
Enenkelstraße 16
A–1160 Wien
office@architekt-schwarz.com
www.architekt-schwarz.com
Fotograf S. 58-61, 63, Umschlag Rückseite, Foto
rechts: Architekt Schwarz

Valtingojer Architekten
Sabina und Klaus Valtingojer
Rennweg 69
I-39012 Meran
info@valtingojer.com
www.valtingojer.com
Fotograf S. 162-165, 167: Richard Becker, Steinheim

Waldemarson Berglund Arkitekter AB, Stockholm.
Jonas Waldemarson, Paulina Berglund, Hanna
Kucera Wengelin
Skeppargatan 18
S–114 52 Stockholm
info@wbarkitekter.se
www.wbarkitekter.se
Fotograf S. 42-47: Ake E:son Lindman,
www.lindmanphotography.com

Dipl.-Ing. Birgit Wessendorf
Architektin freischaffend
Erkelenzdamm 59
10999 Berlin
bw@wessendorf-berlin.de
www.wessendorf-berlin.de
Fotograf S. 113-115: Birgit Wessendorf
S. 112: Harald Rautenberg,
www.haraldrautenberg.de

X architekten
Industriezeile 36/4
A–4020 Linz
linz@xarchitekten.at
Albertplatz 1
A–1080 Wien
wien@xarchitekten.at
www.xarchitekten.com
Presse: press@xarchitekten.at
Fotograf S. 96-101: Kurt Hörbst,
www. hoerbst.com

Architekt DI Horst Zauner
Lilienbrunngasse 18/2/5
A–1020 Wien
office@horstzauner.com
www.horstzauner.com
Fotograf S. 84-87, 89: Johann Scheiber,
A–Arbesbach

WEITERE FOTOS:
Seite 6 links, Seite 11 links: Architekten Kaden
Klingbeil / Bernd Borchardt
Seite 6 rechts: Klaus-Reiner Klebe, mit freundlicher
Genehmigung durch das Einstein Forum, Potsdam
Seite 7 oben links: Christian Gahl
Seite 7 oben rechts: Mißfeldt Kraß Architekten,
Lübeck
Seite 7 unten links, Seite 13, Seite 14 links: Thomas
Koculak
Seite 7 unten rechts: Kaden Klingbeil Architekten
Seite 10 oben rechts: AGEPAN Dunker, Glunz AG
Seite 10 unten rechts: Kraus-Reiner Klebe
Seite 11 unten /oben rechts: Klaus & Schönberg,
Hamburg
Seite 14 rechts: WOLLENWEBERARCHITEKTEN

IMPRESSUM

© 2013 Verlag Georg D.W. Callwey GmbH & Co. KG
Streitfeldstraße 35, 81673 München
www.callwey.de
buch@callwey.de

Bibliografische Information der Deutschen Nationalbibliothek
Die Deutsche Nationalbibliothek verzeichnet diese Publikation
in der Deutschen Nationalbibliografie; detaillierte bibliografische
Daten sind im Internet über http://dnb.d-nb.de abrufbar.

ISBN 978-3-7667-1995-9

Das Werk einschließlich aller seiner Teile ist urheberrechtlich
geschützt. Jede Verwertung außerhalb der engen Grenzen des
Urheberrechtsgesetzes ist ohne Zustimmung des Verlages
unzulässig und strafbar. Das gilt insbesondere für Vervielfältigungen,
Übersetzungen, Mikroverfilmungen und die Einspeicherung
und Verarbeitung in elektronischen Systemen.

Projektleitung: Bettina Springer
Lektorat: Katrin Pollems-Braunfels, Konzeption – Redaktion – Lektorat,
München
Umschlagsgestaltung und Layout: Design-Agentur ARNE, Stuttgart
Druck und Bindung: Stürtz GmbH, Würzburg
Printed in Germany 2013